UNIVERSAL DESIGN

Oliver Herwig

UNIVERSAL DESIGN

Lösungen für einen barrierefreien Alltag

Birkhäuser
Basel · Boston · Berlin

INHALT

Fünf Thesen vorweg:

Erstens: Die Gesellschaft von morgen wird älter, differenzierter und schwerer auf einen Konsens zu trimmen sein.

Zweitens: Die Zukunft werden wir nicht durch Dinge gewinnen, durch mehr Ausstattung und intelligente Features, wohl aber werden Produkte sie erleichtern.

Drittens: Perspektiven werden sich fundamental verschieben. Wir werden nicht den Rollator aerodynamischer machen, sondern Räume und Häuser für alle zugänglich.

Viertens: Sobald die neuen Alten nicht mehr mit Rezept im Reha-Geschäft stehen, sondern als Käufer im Kaufhaus auftreten, verändern sich die Gewichte. Nachfrage schafft neue Produkte, Auswahl einen Markt.

Fünftens: Wer mit Blick auf Alte entwirft, gestaltet besser.

WENN WIR WOLLEN, DASS ALLES SO BLEIBT, WIE ES IST, DANN MUSS SICH ALLES ÄNDERN.

GIUSEPPE TOMASI DI LAMPEDUSA, *DER GATTOPARDO*

UNIVERSAL DESIGN HEISST GESTALTEN FÜR ALLE

Dieses Buch wurde aus mitteleuropäischer Perspektive geschrieben. Anfangs wollte ich nur über Dinge und Räume für Alte schreiben, dann habe ich gelernt: Es geht nicht um Speziallösungen, es geht um uns alle, um Universal Design.

In Japan wäre es anders ausgefallen, auch in den USA oder Russland. Denn jede Gesellschaft denkt anders, fühlt anders, altert anders. Aber einiges bleibt doch gleich: Wünsche, Ziele, Träume. Einige davon sind in diesem Buch verarbeitet, es soll sich nicht in Dingen und Räumen erschöpfen, es soll Perspektiven bieten und Horizonte aufreißen für eine neue, barrierefreie Welt für alle. Universal Design wird dafür ein Schlüssel sein.

Es gibt zwei Arten von Vorhersagen, die sich wesentlich voneinander unterscheiden: harte und weiche. Wer Zahlen nennt, liegt scheinbar richtig, aber wer diffuse Aussagen macht, ist nicht zu widerlegen.

Ich werde mich zwischen beiden Polen bewegen und fünf Thesen formulieren. Erstens:

Die Gesellschaft von morgen wird älter, differenzierter und schwerer auf einen Konsens zu trimmen sein. Wie fühlt sich das an? Hier lohnt ein Blick zurück auf die Zukunftsvisionen des letzten Jahrhunderts. Da schien ein atomgetriebenes Auto weder unmöglich noch gefährlich, sondern zwangsläufig. Der „Ford Nucleon" war für 8000 Kilometer Reichweite ausgelegt.

Der Atomreaktor unter der extrem langen Schnauze hatte nicht einmal das Fahrzeugdesign wesentlich verändert. Im Jahr 1957 schien auch ein führerloses Fahrzeug denkbar. Es sollte auf Leitstreifen über leere Autobahnen brausen, während sich die Familie einem Brettspiel widmete. Eine zeitlose Vision, wären da nicht die charakteristischen Flügel am Fahrzeug, dazu Kleidung und Haartracht der Idealfamilie. Es ist ein Blick in die Fünfzigerjahre und zugleich einer nach vorne. Fahrerlose Fahrzeuge sind längst unterwegs, und in einigen Jahren werden sie auch auf unseren Straßen fahren. Unglaublich.

Wir lassen uns das Steuer aus der Hand nehmen, aber das Nuklearfahrzeug bleibt eine technologische Sackgasse. Wie die Zukunft also genau aussieht, bleibt im Dunkeln, nicht aber die Kräfte, die sie leiten. Nun hat Bevölkerungsstatistik vordergründig wenig mit Erfindungen und Technologie zu tun, sie ist eine Tatsache. Im Jahr 2030 wird meine

Nuvo

Japanischer Serviceroboter von ZMP Inc.

Keine Nation scheint so roboterverliebt und fortschrittsgläubig wie Japan. Werden automatisierte Haushalthilfen auch bei uns Serviceaufgaben übernehmen? Werden sie alte und gebrechliche Menschen unterhalten und pflegen? Manchen lässt diese Vorstellung das Blut in den Adern gefrieren.

Generation der heute 40-jährigen die relative Mehrheit stellen. Vielleicht werden wir eine Verschwörung der Alten anzetteln, vielleicht liegen wir aber nur sediert auf einer Station und niemand kümmert sich um uns, da wir viel zu wenig Kinder haben. Der nette Pflegeroboter, wie ihn sich Japaner ausmalen, wird jedenfalls nicht an unserem Bett stehen.

Und das ist meine zweite These: Die Zukunft werden wir nicht durch Dinge gewinnen, durch mehr Ausstattung und intelligente Features, wohl aber werden Produkte sie erleichtern. Vielleicht denken Sie nun an Stöcke, sogenannte Bettgalgen und Rollstühle. Ich nicht. Reha-Design bleibt ein Spezialfall, auch in Zukunft.

Ich spreche von der Riesenchance der Überalterung, der Chance, dass die wohl kritischste und kaufkräftigste Bevölkerungsschicht neue Standards erzwingt. Einfacher, klarer, hilfsbereiter.

Ich spreche von Dingen, die nicht nur für eine Zielgruppe maßgeschneidert werden, für hippe Mittzwanziger oder senile Greise, ich denke daran, dass der Wandel, der durch unsere Gesellschaft zieht, ein neues Verständnis von Gestaltung fordert und fördert.

Zum ersten Mal seit Henry Ford die Massenproduktion für jedermann sichtbar machte, wird es universelle Produkte geben. Dinge, die Ästhetik und Ergonomie, Komfort und kühne Linien verbinden. Sie sind chic und verzeihen Bedienungsfehler. Wenn ich die Tastatur nicht mehr bedienen kann, steuere ich den Computer eben per Sprachbefehl. Oder mit dem Finger am Bildschirm.

Das Alter bietet eine Chance für alle, die sich als Gestalter schon heute mit dem Thema befassen. Und für Politiker. Das Kleine kommt zum Großen. Und das ist meine dritte These: Perspektiven werden sich fundamental verschieben. Wir werden nicht den Rollator aerodynamischer machen, sondern Räume und Häuser für alle zugänglich. Das Haus wird nicht mehr Festung sein, sondern wandelbares Gehäuse auf Zeit, das sich einstellt auf Singles, Familien und Senioren. Wohnungen werden wachsen und wieder schrumpfen, wenn wir den Mehrraum nicht mehr versorgen können. Generationenhäuser lassen sich erweitern, die Großeltern ziehen nach oben, in den Anbau überm Carport, die Familie lebt unten, und wenn die Kinder größer sind, tauschen sie mit den dann älteren Alten den Platz.

Zu fließenden Räumen kommen intuitive Dinge. Wir werden uns nicht mehr in Bedienungsmenüs wie in Dschungeln verlieren, sondern sofort wissen, wie wir Produkte bedienen. Nennen wir es mal „Prinzip Fernseher". Einschalten, Programm wählen, zurücklehnen. Wenn sich Technik im Dreischritt von primitiv — komplex — einfach entwickelt, fehlt der letzte Schritt.

Der Markt der Alten ist ein Wachstumsmarkt. Japan hat das längst erkannt. Der ferne Osten ist uns gut zehn Jahre voraus. Das allmächtige Wirtschaftsministerium METI (Ministry for Economy, Trade and Industry) hat die Seniorenwirtschaft längst als Motor erkannt und die Devise ausgegeben, die „Bevölkerungsalterung in eine Wachstumsmaschine" zu verwandeln. Von Panasonic bis zum Kosmetikgiganten werden Senioren als Kunden gesehen, die es durch Produktinnovationen und -offensiven zu gewinnen gilt. Dahinter steckt ein Bewusstseinsvorsprung gegenüber den meisten westlichen Gesellschaften. Japan geht die Herausforderung Alter offensiv an, und zwar so, dass die Vorzüge einer barrierearmen oder gar barrierefreien Umwelt und neuen, intuitiv zu benutzenden, einfachen Geräten allen zugutekommen.

Das bei uns mitschwingende Vorurteil gegenüber altersgerechten, also „senilen" Produkten kommt gar nicht auf. Dieser Entwicklungsvorsprung ist fühl- und greifbar. Seit einem guten Jahrzehnt entwickeln japanische Firmen sogenannte Kyôyo-hin-Produkte, also „gemeinsam nutzbare" Dinge, die alle Anforderungen des Universal Designs erfüllen und so den Alltag durchdringen und verändern.

Jugendwaren und Altenteile

Wie sieht es bei uns aus? Auch wir werden immer älter. Im Schnitt steigt unsere Lebenserwartung pro Jahr um weitere drei Monate. Das ist eigentlich kein Anstieg, das ist ein wahrer Sprung ins Alter, der Forscher den hundertsten Geburtstag als Normalität des 22. Jahrhunderts beschreiben lässt. Zudem blieben die Menschen immer länger gesund, zeigt eine Studie der Rostocker Wissenschaftler des Max-Planck-Instituts für demografische Forschung. [1] Die viel gepriesene Konsumgesellschaft macht freilich beim Thema Alter schlapp. Unser Jugendwahn produziert nur Jugendwaren. Für universelle Dinge ist kein Platz, kein

[1] *Hundert wird bald jeder*. Presseinformation der Max-Planck-Gesellschaft, 27. September 2007. http://www.mpg.de/bilderBerichteDokumente/dokumentation/pressemitteilungen/2007/pressemitteilung200709272/genPDF.pdf

Interieur
Entwurf von 03 Architekten

Wie müssen Räume der Zukunft beschaf-
fen sein, damit sie allen dienen? Noch
scheint der unterfahrbare Tisch Luxus,
morgen schon dürften wir uns über solch
vorschauende Planung freuen. Barrierefreien Wohnungen und Häusern gehört
die Zukunft.

Markt, keine Zielgruppe. Das muss sich schleunigst ändern. Nichts wächst so schnell wie die Zahl der Senioren; im Jahr 2030 werden die über 60-jährigen mehr als ein Drittel der Deutschen stellen, manche Statistiker sprechen sogar von der Hälfte. Die künftigen Oldies gehören dann längst nicht zum „alten Eisen" und werden sich nicht mehr mit den Tücken des Alltags und seiner Gegenstände herumschlagen wollen. Mit winzigen Schriften, elegant versteckten Druckknöpfen, mit verwirrenden Multifunktionsgeräten oder Autos, deren Einstieg eher für Schumachers Erben ausgelegt ist.

Wo steht der Kaffeevollautomat 60plus, wo der iPod mit dem extra griffigen Rad? Sie werden kommen, die guten Dinge für die Zeit der Rente. Und sie werden sich nicht mehr im Fachgeschäft für Reha-Patienten verstecken, sondern im Kaufhaus ums Eck stehen und auf der ersten Seite des Versandkatalogs. Denn die sogenannten Silver Surfer verfügen über Geld. Sie bestimmen bald den Markt. Die Konsumquote, also der Anteil der Konsumausgaben am verfügbaren Einkommen, beginnt ab

WMF1
Pad-Kaffeemaschine von designafairs

Die kleinste Pad-Kaffeemaschine der Welt, wirbt WMF, klar wie ein grafisches Zeichen, übersichtlich und leicht zu bedienen. Füllen, Tasse einstellen und Knopf drücken. Dafür wurde die Entwicklung der Münchner Agentur designafairs auch mit dem Qualitätszeichen „Universal Design" ausgezeichnet.

Mitte 40 zu steigen und erreicht zwischen Mitte 60 und Mitte 70 mit 84 Prozent einen absoluten Höhepunkt. „Die so genannten ‚Grauen‘ wollen konsumieren, und sie verfügen über mehr Marktmacht als die angeblich so konsumfixierten und von der Werbewirtschaft deshalb lange Zeit ausschließlich umworbenen Mittzwanziger, -dreißiger und -vierziger.

50 Prozent aller deutschen Neuwagen werden von Menschen gekauft, die 50 Jahre oder älter sind, in der Luxusklasse stellen sie sogar 80 Prozent der Käufer; die so genannten ‚50 Plus‘ kaufen auch 55 Prozent des Kaffees, 50 Prozent aller Gesichtspflegemittel, 50 Prozent des Mineralwassers und 80 Prozent aller Kreuzfahrten. Sie reisen insgesamt öfter und länger als die Jüngeren und übernachten häufiger in Hotels. Sie trinken mehr Sherry und Weinbrand und spielen häufiger Lotto", [2] schreibt Stefan Scheytt in *brand eins*: „Altern macht Spaß, Altern ist sexy, denn Altern bedeutet: konsumieren."

[2] Scheytt, Stefan: „Woopies. Sie haben Geld. Sie haben Zeit. Und alte Menschen können noch eine Menge brauchen." *brand eins* 9/2005. http://www.brand-eins.de/ximages/24315_100diealte.pdf

Noch immer aber leistet sich die Industrie ein schändliches Versteckspiel, statt ihre Produktpalette offen zu ergänzen oder gar zu verändern. Porsche hat dem Geländewagen Cayenne extrabreite Türen, einen besonders hohen Einstieg und rückenfreundliche Sitze spendiert — und so unfreiwillig den ersten „Senioren-Porsche" geschaffen. Klingt wie ein Schimpfwort, bestenfalls wie ein Witz. Achtung, Alter! Die Dimension der gesellschaftlichen Veränderung ist offenbar noch nicht in den Hirnen der Mainstream-Werber angekommen, die ihre Zielgruppe lieber mit Harley und Mieze zeigen, denn als ganz normalen Konsumenten fortgeschrittenen Alters. „Ein zentrales Hemmnis bei Entwicklung wie Vermarktung" neuer Produkte sei „die Altersdifferenz zwischen der Zielgruppe und den zumeist jungen Produktentwicklern und Marketingexperten", klagt die Deutsche Bank Research in ihrem Dossier vom Juli 2003. Und kommt zum ernüchternden Ergebnis: „Alternde Kunden fordern Unternehmen auf allen Ebenen."

Die Mehrheit der Firmen handelt aber „zögerlich oder bleibt untätig. Viele von ihnen fürchten offenbar, ein mühsam aufgebautes, ‚junges Image‘ zu zerstören." Jeder kann das überprüfen. Wer heute iwn die Verlegenheit kommt, etwas Altengerechtes, Arthritiskompatibles, Seniorentaugliches kaufen zu müssen, sagen wir ein Radio, macht eine absurde Erfahrung. Gehen Sie bitte in die Spielwarenabteilung, rät der überforderte Verkäufer. Mein erster Sony ist plötzlich auch mein letzter. Bunt, poppig, mit riesigen Tasten und Griffen. Ein halbes Jahrhundert hat man mit gut gestalteten Dingen gelebt, plötzlich wird man zum Kleinkind degradiert.

Es geht auch anders. Simplephone heißt das von Holländern entwickelte Handy — einfach nur ein Telefon mit großen Tasten ohne komplizierte Bedienungsmenüs. Dafür bietet das sanft gerundete Mobilteil ein gut lesbares, beleuchtetes Display, große Ziffern auf ebenso großen Tasten und eine regelbare Lautsprechfunktion. Auch die Schweden sind weiter. Das ergonomisch gekippte Brotmesser Ergon grip hilft arthritischen Gelenken und ist bei IKEA gelandet. Spätestens da wird klar, warum es keine speziellen Seniorenwaren geben muss, sondern nur gut gestaltete Produkte. Das aber verlangt einen Kulturwandel, der die Stigmatisierung der Alten und ihrer Hilfsmittel überwindet und ganz normale Produkte für alltägliche Problemlösungen anbietet.

Meine vierte These: Sobald die neuen Alten nicht mehr mit Rezept im Reha-Geschäft stehen, sondern als Käufer im Kaufhaus auftreten, verändern sich die Gewichte. Nachfrage schafft neue Produkte, Auswahl einen Markt.

Wie elegant altengerechtes Design ausfallen kann, zeigt Diana Kraus in ihrer Diplomarbeit. Sie schuf mit Miele das Küchenkonzept 50 plus, eine Art Frankfurter Küche des 21. Jahrhunderts ohne den Charme eines Labors. In dieser Küche soll man leben, sich entspannen und Kontakt pflegen mit der Umwelt. Das Design erschöpft sich nicht an der Oberfläche, mit fließenden Linien und klaren Werkstoffen. Dazu kommen eine Tiefendimension, praktische Details wie der bewegliche Wasserhahn. Das Nass kommt kraftsparend zum Topf, nicht umgekehrt.

Die letzte These: Wer mit Blick auf Alte entwirft, gestaltet besser. Denn Senioren sind die härtesten Tester. Wenn sie ein Produkt gerne in die Hand nehmen, werden es auch alle anderen tun. Das gilt für die Dinge des Lebens wie für die Gestaltung des Internets: Webdesigner lieben winzige Schriften, fast Ton in Ton auf einem Fond, also beige auf hellbraunem Grund oder nachtgrau vor hellgrau. Und weil das so schic und schön daherkommt, können es viele Menschen ohne elektronische Lupe nicht mehr entziffern. Auch das wird sich ändern. Alt aussehen werden in Zukunft Schriften, die nicht mindestens zwölf Punkt groß sind und kontrastreich auf der Seite stehen. Die schöne neue Welt von morgen wird klarer werden, einfacher, sicherer. Davon profitieren alle. Barrierefreie Häuser und Dinge bedeuten einen gewaltigen Schritt nach vorn. Die geriatrische Generation um 2046 wird Funktion fordern und Schönheit.

Ihr Design dürfte dafür endlich das große Versprechen der Moderne einlösen: Ergonomie und gutes Aussehen in einem. Und das ist eine Prognose, so weich und hart wie sie eben nur sein kann. Erst fallen die Barrieren in den Köpfen, dann die in unserer Umwelt. Komfort wird der Schlüssel, mit dem eine ganze Generation neuer Produkte für alle unsere Lebenswelt erobert.

Auf dem Weg zum Ziel „Lebensqualität" — Begriffe

Gestalten für alle, statt Diskriminierung alter Menschen, die Richtung ist klar, nicht aber die Terminologie. Noch immer herrscht ein munteres Begriffschaos mit subtilen Abgrenzungs- und Differenzierungsbemühungen, wie sie für ein relativ junges Fach üblich sind. Drei Hauptworte stehen neben- und teils gegeneinander: Universal Design, Inclusive Design sowie Design for All, oft angereichert durch Zusätze wie Ergonomie und Usability. Wenn die Anzeichen nicht täuschen, geht es gerade darum, einen Markt zu etablieren und verschiedene Interessen- und Einflusssphären abzugrenzen. Wagen wir eine Spekulation: Nicht alle Begriffe werden überleben, die größte Chance, sich durchzusetzen, hat ein Begriff: Universal Design, wie ihn Ron Mace schon vor Jahrzehnten entwickelte und wie er vom Center for Universal Design der NC State University in die Welt getragen und hier im Anhang des Buches abgedruckt wird: „He coined the term ‚universal design' to describe the concept of designing all products and the built environment to be aesthetic and usable to the greatest extent possible by everyone, regardless of their age, ability, or status in life. He was also a devoted advocate for the rights of people with disabilities which is reflected in his work." [3]

[3] Biographie und Würdigung von Ron Mace bietet das Center for Universal Design: http://www.design.ncsu.edu/cud/about_us/usronmace.htm

[4] http://www.ud-germany.de/html/ud/g/universal_design_eV/uebereinkommen_ueber_die_rechte_behinderter_menschen.pdf

Universal Design ist inzwischen selbst von der UNO verankert im Übereinkommen über die Rechte behinderter Menschen. Dort heißt es explizit: Universelles Design „ist ein Design von Produkten, Umfeldern, Programmen und Dienstleistungen, die von allen Menschen im größtmöglichen Umfang genutzt werden können, ohne dass eine Anpassung oder ein spezielles Design erforderlich ist." [4] Nun liegt der Charme von Universal Design gerade darin, dass die Rechte von Minderheiten und Spezialgruppen geschützt werden und sie als härteste

Tester und anspruchsvollste Nutzer gleichsam die Türöffner bilden für Produktinnovationen und gesellschaftliche Veränderungen, die allen zugutekommen. Es geht längst nicht mehr um Speziallösungen für wenige, sondern Erleichterungen für alle: übersichtliche Menüs, breit nutzbare Räume und Dinge. Dieser Definition schließen sich immer mehr Institutionen an, die wiederum Preise und Auszeichnungen ausloben, welche unsere Zukunft entscheidend prägen dürften:

„Universal design meint nicht spezifische Produkte für eine bestimmte Gruppe von Menschen, sondern gute Gestaltung für alle Lebensabschnitte und -gegebenheiten. Der Begriff ‚universal design' setzt sich mit diesem Wunsch auseinander und fordert intelligente Lösungen für alle Lebensbereiche und für sämtliche Altersgruppen". [5]

Nun soll eine terminologische Festlegung keinesfalls zu undifferenzierten Ergebnissen führen, zumal Universal Design gleichsam als Dachmarke über verschiedenen Gestaltungsstrategien liegt. Forscher vom Generation Research Program der LMU München unterscheiden vier Grade von Gestaltung mit entsprechendem Nutzer-Feedback auf dem Weg zum Ziel „Lebensqualität": [6] Accessability, Barrierefreiheit als Basis, gefolgt von Usability, Benutzerfreundlichkeit, Acceptability, also Stigmafreiheit wie Marktakzeptanz, schließlich gekrönt von Ästhetik und Emotionalität: Joy of Use.

Universal Design muss attraktiv für alle sein, will es gelingen. Ergonomie und Schönheit, breite Benutzbarkeit und Will-ich-haben-Kaufanreiz gilt es zu verbinden. Und genau das wird passieren.

5 Pressemitteilung zum Universal Design Preis für seniorengerechtes Automobilinterieur, Hannover, 16. März 2007.

6 Das Generation Research Program der LMU München differenziert von unten nach oben: *Accessibility* — Es ist ein wichtiges Ziel für die gesamte Gesellschaft, dass Produkte, Dienstleistungen, Arbeitsplätze und Umgebungsbedingungen so gestaltet sind, dass sie für möglichst alle Menschen zugänglich sind. *Usability* — Kennzeichnet die Gebrauchstauglichkeit eines Produkts, indem für einen bestimmten Nutzerkreis beschrieben wird, wie effektiv, effizient und zufriedenstellend definierte Ziele erreicht werden können. *Acceptability* — Produkte sollen niemanden aufgrund ihres Aussehens als benachteiligt kennzeichnen (stigmatisieren). Produkte für benachteiligte Personengruppen sollen so gestaltet sein, dass sie auch von anderen Nutzern akzeptiert werden. *Joy of Use* — Produkte sollen nicht nur leicht zu bedienen sein und stigmafrei gestaltet sein. Es gilt auch ästhetische Bedürfnisse der Nutzer zu befriedigen. http://www.grp.hwz.uni-muenchen.de/pages/arbeitsgruppen/usability/index.html

SimpliciTEA
Porzellankanne mit Einschenkhilfe
von Lotte Alpert

Hier geht nichts verschütt. Dank der
Einschenkhilfe lassen sich auch volle
Kannen mühelos und gezielt in Tassen
leeren. Kanne und Halterung bilden eine
Einheit. Die hochwandige Einschenkhilfe
umschließt die Kanne wie eine Hand
und kann Tee/Kaffee durch Induktion
warm halten. Dioden an der Seite zeigen
die Temperatur an.

ZU ALTERN IST EINE FAS- ZINIERENDE ANGELEGEN- HEIT: JE ÄLTER MAN WIRD, DESTO ÄLTER WILL MAN WERDEN.

KEITH RICHARDS

Alles, nur nicht alt — Die Benutzerperspektive

Wir müssen erkennen: Alt ist nicht gleich alt. Senioren bilden keine homogene Zielgruppe, vielmehr eine Ansammlung individualistischer Lebensentwürfe, die zunehmend auseinandergehen. Klassenspezifische Unterscheidungen fallen, die individuelle Physis kommt zum Tragen. Und ein dritter, vielfach unberücksichtigter Aspekt tritt hinzu: Die Alten von heute und morgen entwickeln eigene Rhythmen und Themen, vor allem in den USA, zwischen Sun Cities, Trailerhomes und exklusiven Seniorenresidenzen. Nichts ist so langlebig wie das Klischee der Bingo-Abende und Senioren-Busreisen. Es zeigt aber nur ein Segment eines immer vielseitiger werdenden Spektrums aktiver Lebensgestaltung auf.

Auch wenn Soziologen um eine differenzierte Einteilung bemüht sind und etwa einen dritten Lebensabschnitt propagieren, nach Ausbildung, Familie und Beruf die Zeit des gelassenen Alterns, bevor das eigentliche Alter einsetzt, sind die Grenzen vor allem eines: an die jeweilige Person gebunden: „Alter ist ein schlechtes Segmentierungstool", warnt Herbert Plischke vom GRP, dem Generation Research Program der Münchner Ludwig-Maximilians-Universität in Bad Tölz. Alter ist vor allem eines: ein Prozess, der einhergeht mit neuen Angeboten und Herausforderungen, wie dem lebenslangen Lernen. Das gefühlte Alter weicht vom chronologischen oft um bis zu 15 Jahre ab. Was früher vor allem als Verlust sozialer Bindungen und körperlicher wie geistiger Autonomie empfunden wurde, öffnet plötzlich neue Möglichkeiten. Die aktiven Alten stehen im Vordergrund. Das Individuum.

Irritierend nehmen sich daher die vielen Ansätze aus, aus dem Disparaten doch noch so etwas wie eine Zielgruppe oder zumindest einen Zielgruppenkorridor zu konstruieren, von vitalen Genießern bis zu Deprimierten. Die vielen Bezeichnungen oft junger Marketingexperten für ein Phänomen — reife Generation, Silver Ager, 50 plus oder analog 60 plus, Generation plus, Woopies (well off older people) oder verniedlichend young at heart — sagt mehr über unsere Gesellschaft, den permanenten Import von angelsächsisch geprägter Lebens- und Wertekultur sowie den ungebrochenen Jugendwahn als über die Befindlichkeit der Alten. Interessante Einteilung oder nur schematische Blockbildung, die das Phänomen Alter in den Griff zu bekommen sucht? Typischer Auswuchs bürokratischer Systematik oder humorvolle Differenzierung? Der Unterschied ist manchmal kaum mehr auszumachen, wenn etwa Marie-Therese Krings-Heckemeier vier Gruppen anhand ihrer häuslichen Autonomie

----

Tölzer Würfel

Musikwiedergabegerät von GRP
(Generation Research Projekt)

Würfel drehen, neue Musik hören. So
einfach ist das Prinzip dieses ursprüng-
lich für Demenzkranke entwickelten
Musikwiedergabegeräts. Im Inneren des
zehn Zentimeter langen, handlichen Qua-
ders steckt ein MP3-Player; die Kanten
sind als Lautsprecher ausgebildet. Wer
ein anderes Musikstück hören will, dreht
den Würfel. Das intuitive Prinzip lässt
sich problemlos auf andere Gegenstände
übertragen.

unterscheidet, [7] von den „alten Jungen" (50 bis 60 Jahre) bis zu den „alten Alten" (80 Jahre und älter).

[7]   Krings-Heckemeier, Marie-Therese: *Das silberne Zeitalter — Wie wir den Wandel zu einer Gesellschaft der erweiterten Lebensspannen bewältigen können*. Empirica, Berlin, 2007. http://www.empirica-institut.de/kufa/empi155mtk.pdf. „Gruppe A: ‚alte Junge' (50 bis 60 Jahre): Eigenständiges Wohnen und individueller Lebensstil, Verbesserung der Wohnqualität bei Bestandsoptimierung und bei Umzug Standortoptimierung. Gruppe B: ‚junge Alte' (60 bis 70 Jahre): Hoher Anteil mobiler Umzugshaushalte (oft Eigentumserwerb). Gruppe C: ‚mittelalte Alte' (70 bis 80 Jahre): Wohnen bleiben und altengerechte Veränderungen im Bestand sowie Umzug in altengerechtes Wohnangebot in Kombination mit Dienstleistungen. Gruppe D: ‚alte Alte' (80 Jahre alt und älter): I.d.R. ‚unfreiwilliger' Umzug im Falle der Hilfs-/ Pflegebedürftigkeit."

Tatsächliche oder subjektiv gefühlte Einschränkungen sollten keinesfalls dazu verleiten, im Sinne einer Defizithypothese die Gestaltungsrichtlinien Richtung Reha- und Spezialdesign zu verschieben. Im Gegenteil: Ein breites Anwenderspektrum rettet vor Stigmatisierung. Drehen wir die Diskussion doch einmal um. Wenn Experten vor allem drei Bereiche ausmachen, in denen die Leistungsfähigkeit im Laufe des Lebens fällt — optische, motorische und kognitive Veränderungen —, so dürften sich daraus besondere Anstrengungen der Designer und Hersteller ergeben, diese „Defizite" durch gute Produktgestaltung wenn nicht zu egalisieren, so doch zu minimieren. Was könnte das konkret heißen? Wenn Weitsichtigkeit einsetzt, die Tiefenwahrnehmung abnimmt, während die Blendempfindlichkeit steigt und sich das Gesichtsfeld verengt, bedeutet das, Auswirkungen auf das Verhalten im Blick zu haben: Schriften müssen gut lesbar und eindeutig angebracht sein, kontraststarke Elemente werden bei allen Bildschirmdarstellungen wie Navigationssystemen unverzichtbar, während Ablenkung in Form von Zusatzfenstern und animierten Menüs auf ein Minimum reduziert werden sollte. Ähnlich sieht es bei (fein)motorischen Veränderungen aus: Unbeweglichere Gelenke, schwindende Balance und verminderter Halt verlangen nach einer Umwelt, die Fehler verzeiht. Wenn die Hände zittern, wird es schwer, eine Maus präzise zu steuern. Hier helfen alternative Steuerungselemente, Pull-down-Menüs und direkte Links, und nicht zuletzt ein übersichtlicher Bildschirm.

Wenn die Leistungsfähigkeit sinkt, Ablenkungen das Kurzzeitgedächtnis leichter stören oder insgesamt die Aufmerksamkeit sinkt, heißt das für Produktentwickler, nicht mit jeder Version gleich eine neue Benutzungsoberfläche zu versuchen. Im Zweifel sind bestehende Routinen die besseren und einfache, selbsterklärende die allerbesten. Weniger Design ist plötzlich mehr Design.

Uten.Silo
Wandcontainer von Dorothée Becker
für Vitra

Schlüssel, Stifte oder Einkaufszettel
verschwinden nicht länger im Chaos.
Mit seinen 32 unterschiedlich geformten Kunststoff-Behältern, Haken und
Klemmen bietet Uten.Silo übersichtli-
chen Stauraum für die kleinen Dinge
des Alltags.

Max und Moritz
Salz- und Pfefferstreuer von Wilhelm Wagenfeld für WMF

Griffig ist das Salz- und Pfefferstreuer-Set, dafür sorgt die schlanke Taille der Glasbehälter. Doch die aufgesteckten Deckel halten so manche böse Überraschung bereit: Zwar bleibt Benutzern mit motorischen Einschränkungen beim Befüllen der Behälter das Schrauben erspart, fällt ein Streuer hin, gibt der Deckel jedoch allzu schnell nach.

Vacuum Jug
Thermoskanne von Erik Magnussen für Stelton

Das erste Produkt, das Erik Magnussen entwarf, als er Arne Jacobsen als Chef-designer bei Stelton beerbte, ist heute auf Konferenztischen in aller Welt zu finden. Beim Einschenken ist jedoch Vorsicht geboten: Die Tülle der Isolier-kanne liegt so hoch, dass sich das heiße Getränk in einem Schwall ergießt.

Das kleine Universum — Eine Betrachtung universaler Design-Klassiker von Gerrit Terstiege

Klassische Design-Produkte auf ihren Nutzwert für ältere oder behinderte Menschen hin zu betrachten, scheint ein kurioses Ansinnen. Denn die Ikonen der Produktgestaltung, insbesondere berühmte Möbelstücke, scheinen längst über pragmatische Ansprüche an Funktionalität und Alltagstauglichkeit erhaben. Aktuell rücken Objekte wie die Chaiselongue Lockheed Lounge von Marc Newson, Tische von Zaha Hadid, Vasen von Ettore Sottsass, Hella Jongerius oder Jasper Morrison in die Nähe von Kunstwerken. Das seltsame Schlagwort „Design Art" macht die Runde und vereint wie selbstverständlich die lange Zeit als unvereinbar geltenden Welten angewandter und freier Kunst. Nur ein Narr würde danach fragen, ob eine Licht-Installation von James Turell, eine Skulptur von Jonathan Meese oder ein Musikstück von Björk auch für ältere Menschen „funktionieren". Sind nicht viele Gemälde Rembrandts in so dunklen Farben gehalten, dass ihre Nuancen für Menschen mit geschwächter Sehkraft kaum mehr wahrnehmbar sind? Eine absurde Fragestellung.

Alltagsgegenstände indes haben zweifellos bestimmte Funktionen zu erfüllen — auch jene, deren formale Qualitäten sie zu Klassikern haben werden lassen. Und da gerade den Klassikern das unbrauchbare Attribut der „Zeitlosigkeit" zugeschrieben wird, diese aber immerhin ihre Besitzer oft jahrzehntelang begleiten, ist die Fragestellung nach ihrem Gebrauchswert für ältere oder behinderte Menschen vielleicht doch nicht ganz ohne Nutzen.

Nun ist der Begriff des Design-Klassikers weder geschützt noch besonders klar definiert. Im Gegenteil wird er heute recht inflationär benutzt und erfreut sich gerade in werblichen Kontexten großer Beliebtheit. Allein die Tatsache, dass ein Produkt seit Jahren auf dem Markt ist, rechtfertigt wohl kaum jene Bezeichnung.

Andererseits dürften Entwürfe wie der Chair_ONE (2003) oder der Stuhl Myto (2007) von Konstantin Grcic schon in wenigen Jahren den Status Klassiker erreichen. Doch eignen sich längst nicht alle am Markt erfolgreichen und berühmten Möbelstücke, Elektrogeräte und Haushaltswaren für die speziellen Anforderungen jener Zielgruppe, um die es in diesem Buch geht. Betrachtet man etwa das formschöne Salz- und Pfefferstreuer-Set Max und Moritz, das der Bauhäusler Wilhelm Wagenfeld für WMF entworfen hat, scheint die Tatsache, dass ihr Metalldeckel den gläsernen Korpus ohne jedes Schrauben nur durch leichten

Druck verschließt, eine wunderbare Erleichterung, gerade für Menschen mit eingeschränkten haptischen Fähigkeiten. Aber genau hierin liegt auch ein Schwachpunkt von Wagenfelds Konzept. Fällt nämlich, selbst aus geringer Höhe, Max oder Moritz aus der Hand auf den Tisch, Teller oder Boden, springt der Deckel ab und sein Inhalt verströmt auf höchst unliebsame Weise. Auch die zylindrische, radikal reduzierte Stelton-Thermoskanne, 1977 von Erik Magnussen entworfen, wurde längst in die meisten musealen Design-Sammlungen aufgenommen und findet sich auf Tausenden Konferenz- und Bürotischen in aller Welt. Ganz unproblematisch ist der ungeübte Umgang mit ihr indes nicht, da ihr Ausgusspunkt so hoch liegt, dass sich Tee oder Kaffee sehr schnell und druckvoll ergießen.

Auch klassische Stuhl-Entwürfe sind durchaus mit Vorsicht zu genießen: Beinahe, so weiß der Stuttgarter Design-Professor Winfried Scheuer von einem Besuch im Studio von Achille Castiglioni zu berichten, wäre der greise Gestalter bei dem Versuch, sich vor Studenten auf seinen berühmten Mezzadro-Hocker zu setzen, umgekippt und zu Boden gestürzt. Und auch der oft kopierte Stahlrohr-Klassiker S34, von Mart Stam 1926 entworfen, birgt eine Gefahr, die man ihm auf den ersten Blick nicht ansieht: Hat man auf ihm Platz genommen, kann sich der Gürtel des Sitzenden an der Rückenlehne des Freischwingers so unglücklich verhaken, dass der Stuhl beim Aufstehen am Körper hängen bleibt. Im besten Fall kommt dann nur der Stuhl zu Fall.

Bereits 1998 präsentierte die Ausstellung „Error Design" in der Kunsthalle Krems Alltagsgegenstände und Phänomene, denen Irrtümer und Fehler bereits ab Werk eingeschrieben sind: mit winzigen Knöpfen überladene Fernbedienungen, verschweißte Verpackungen, die sich ohne rohe Gewalt kaum öffnen lassen, ein Wasserkessel, dessen Metallgriff sich gleich miterhitzt. Manfred Tscheligi, Professor für angewandte Informatik an der Universität Wien schreibt im die Ausstellung begleitenden Katalog: „Wir sind uns oft nicht bewusst, mit wie viel Unbenutzbarkeit wir täglich konfrontiert werden. Wir haben uns daran gewöhnt, uns zu ärgern. Ein Aufruf ergeht an alle Benutzer, mehr zu wollen. Weniger Ärger, weniger Fehler, benutzbare und zielgerichtete Systeme. Nicht die Menge an Funktionen zählt, sondern die Ausrichtung auf den Kontext der Benutzung."

Die auf den folgenden Seiten versammelten Design-Klassiker wiederum zeichnet aus, dass ihre Benutzung weder Menschen mit leichter

Red Cross Cabinet
Medizinschrank von Thomas Ericksson
für Cappellini

Kreuz-Form und Signal-Farbe lassen im
Notfall keinen Zweifel zu. Der Inhalt dieser Box kann Leben retten.

körperlicher Behinderung, noch ältere Personen vor Probleme stellen dürfte. Im Gegenteil: Sie sind nicht nur formschön und langlebig, sondern im besten Sinne funktional. Enzo Maris Tischkalender Timor lässt sich im Handumdrehen täglich aktualisieren. Die Bedienung einer Maglite-Taschenlampe mittlerer Größe ist kinderleicht, der Lamy Scribble vom Schweizer Designer Hannes Wettstein liegt wunderbar in der Hand, seine dicke Mine zu wechseln wird niemanden überfordern. Praktisch alle Koffermodelle von Rimowa sind so leicht und robust, dass sie zu verlässlichen und nützlichen Reisebegleitern werden. Der plakative Medizinschrank des Designers Thomas Ericksson in Form eines roten Kreuzes weist auch jene auf seinen Inhalt hin, die sich in den Wohnräumen einer verletzten oder ohnmächtigen Person nicht auskennen und schnelle Hilfe leisten wollen. Das Braun Tischfeuerzeug Zylindric, 1968 von Dieter Rams entworfen, ist fraglos ein erfreulich leicht zu bedienender Klassiker, aber bedauerlicherweise nicht mehr in Produktion. Sein heute 76-jähriger Gestalter hat übrigens vor Jahren das Rauchen aufgegeben und zieht es heute vor, sich durch Wandern, Skifahren und Schwimmen fit zu halten. Kein Zweifel: Er ist gut in Form.

Lamy Scribble
Schreibgerät von Hannes Wettstein

Dank der bauchigen Form seines Kunststoffgehäuses liegt dieser Stift optimal in jeder Hand.

Maglite
Taschenlampe von Anthony Maglica

Mit ihr lässt sich problemlos Licht ins Dunkel bringen. Die Maglite-Taschenlampe ist einfach zu bedienen und dank des Aluminiumgehäuses kinderleicht.

Timor
Tischkalender von Enzo Mari für Danese

Einmal drehen, schon beginnt ein neuer
Tag. Vergangene Tage und Monate
verschwinden im Fuß des Tischkalenders.
Die augenfreundliche Schrift und die
klare Form sind zeitlos funktional.

Vom Nutzen der Nutzerperspektive

„Altern ist Teil des Prozesses, nicht des Problems", sagt Mathias Knigge. Der Maschinenbauer und Designer sieht eine altengerechte Umwelt nicht als Aufgabe künftiger Gestalter, sondern als sehr persönliche Mission. Seit Jahren beschäftigt sich Knigge mit der Gesellschaft von morgen und hat zwischen 1998 bis 2004 Grundlagenforschung [8] betrieben. Nichts ging ohne Tester, ohne Probanden, die ihre Erfahrungen mit Technik und Räumen in die Analyse und nachfolgende Entwicklung neuer Dinge mit einbrachten.

[8] sentha (Seniorengerechte Technik im häuslichen Alltag), das DFG-geförderte Gemeinschaftsprojekt von UdK Berlin und den Technischen Universitäten Berlin und Cottbus sowie dem Berliner Institut für Sozialforschung, legte Parameter fest für die Gestaltung der Zukunft — als soziales Projekt, das Menschen und Dinge zusammenbrachte.

„Wir werden immer älter und schwerer über einen Kamm zu scheren", betont auch Professor Ernst Pöppel, Vorstand des Instituts für Medizinische Psychologie in München. Er leitet zudem das Generation Research Program GRP. Mit generationsübergreifender Grundlagenforschung sollen innovative Technologien entstehen, und zwar in Zusammenarbeit mit der Industrie. „Man muss mit der Industrie ko-kreativ entwickeln", propagiert Pöppel. Um Impulse zu liefern für künftige Produkte, geht der Generationenforscher mit völlig neuen Fragestellungen an Dinge des Alltags heran. Er wechselt in die Benutzerperspektive. Statt weiter darauf zu hoffen, dass Menschen schon alles richtig benutzten, was die Industrie ihnen auftischt, propagiert Pöppel: „Man muss menschengemäße Technologien entwickeln." Diese sollen sich an die Bedürfnisse (alter) Menschen anpassen, nicht umgekehrt.

[9] http://www.seniorenfreundlich. de/seniorenprodukte.html

Nicht zu unterschätzen ist die stetig steigende Selbstorganisation von Nutzern, die oft auf eine fundierte Ausbildung und lebenslange Erfahrung zurückblicken können. Wer einschlägige Foren durchforstet und Internetportale durchsucht, sieht oft folgendes Bild: Experten verschiedenster Generationen bieten Hilfe an und vernetzen sich und ihre Interessen, weil sie weiterhin aktiv an einer sich verändernden Welt teilnehmen wollen. Da stellt etwa Otto Buchegger auf seiner Homepage „seniorenfreundlich" [9] eine interessante Gleichung auf: „Zu kleine Dimensionen, zu kleine Aufschriften, zu dunkle Farben, zu viele Symbole, zu wenig (deutscher) Text, zu viele (meist unnötige) Funktionen und damit zu teuer; schwere, zu kraftvolle Handhabung; man muss sich zur Bedienung bücken; man weiß nicht, was man tut; die Produkte lassen die

Menschen wie Idioten aussehen." Buchegger lässt es mit der reinen Kritik nicht bewenden, sondern gibt gezielt Hinweise: „Leichte Erlernbarkeit (ease of learning) ist bei Senioren wichtiger als leichte Benutzbarkeit (ease of use). Selbstverständlich sind beide Ziele anzustreben, aber im Zweifelsfall ist es besser, dass ein Produkt leicht zu verstehen, als dass es schnell zu bedienen ist. Müssen weitere Kompromisse gemacht werden, dann sind einfach Funktionen wegzulassen. ‚So viel wie nötig, so wenig wie möglich' ist hierfür eine gute Devise." Experten sind sich einig: Senior Consultants werden als Tester der neuen Warenwelt für die Produktentwicklung entscheidend.

Wirtschaftsfaktor Alter oder: Komfort für alle

Wir können es drehen, wie wir wollen. Die Zukunft sieht alt aus. Und auch wenn die Grenzen des Wachstums bald erreicht scheinen, Senioren bilden die nachwachsende Ressource, weltweit. „The 50 plus population is the fastest growing segment worldwide. An aging society is the opportunity to invent the future of healthy, active living" [10], sagen Forscher des AgeLabs des angesehenen MIT. Wohin man auch blickt: USA, Europa, Asien, insbesondere China mit seiner mutigen, bald jedoch schwierigen Ein-Kind-Politik. Die klassische Alterspyramide hat sich längst zu einem Trichter verwandelt. Selbst hochentwickelte Sozialsysteme sind nicht auf diese Entwicklung eingestellt. Euphemismen, wie „Versorgungslücke", bemängeln eine dramatische Entwicklung. Altersarmut ist wieder an der Tagesordnung. Schon jetzt lebten rund ein Drittel der Rentner unter dem Sozialhilfeniveau, sagt Sozialforscher Professor Meinhard Miegel vom Bonner Institut für Wirtschaft und Gesellschaft. [11] Eine erschreckende Prognose: In 25 Jahren werde jeder zweite Rentner nur noch ein Einkommen in Höhe von Hartz IV erhalten. Vereinsamte, schlecht versorgte und abgeschobene Senioren aber stehen immer mehr rüstigen, ja unternehmungslustigen und gut verdienenden Best-Agern gegenüber. „Die Zwei-Klassen-Medizin ist schon heute Realität", schreibt das ZDF im Hintergrund-Bericht seiner Doku-Soap „2030 — Aufstand der Alten" [12]: Die Kluft zwischen Privat- und Kassenpatienten. „Die Wahrscheinlichkeit, dass es in Zukunft in Deutschland zu einer Rationierung medizinischer Leistungen kommen wird, ist groß. In England werden

10 http://web.mit.edu/agelab/about_agelab.shtml

11—12 http://www.zdf.de/ZDFde/inhalt/8/0,1872,4295080,00.html

schon heute manche Operationen für ältere Patienten nicht mehr aus
Mitteln des öffentlichen Gesundheitswesens bezahlt."

13   http://www.zdf.de/ZDFde/inhalt/
8/0,1872,4295080,00.html
Ein Blick auf die Zahlen, die je nach Stand-
punkt und Interesse durchaus verschieden
ausfallen und interpretiert werden: Beispiel
Deutschland. 2006 starben 144 000 mehr Menschen als geboren
wurden. Die Einwohnerzahl dürfte bis 2030 von fast 82,5 Millionen auf
rund 78 Millionen sinken. Die absoluten Zahlen sagen noch wenig über die
Veränderungen innerhalb der Gesellschaft, wenn die Zahl der über
65-Jährigen um 50 Prozent steigen wird, von etwa 16 Millionen heute
auf dann 24 Millionen. Die Lebenserwartung steigt bis 2030 auf durchschnittlich 81 Jahre bei Männern und 86 Jahren für Frauen. Älter, weiser,
anspruchsvoller oder eben nur senil und gebrechlich? Dies wird sich in
den nächsten Jahren erweisen. Zu den schlimmsten Horrorvorstellungen
zählt heute nicht mehr nur arbeitslos zu werden oder erwerbsunfähig,
sondern irgendwann in einem Pflegeheim zu landen. Das Deutsche Institut für Menschenrechte (DIMR) beklagt verheerende Zustände in den
Pflegeheimen: „Fast die Hälfte der 600 000 Bewohner von Pflegeheimen
wurden mangelhaft ernährt und nicht mit ausreichend Flüssigkeit versorgt." [13] Ein Umschwung kündigt sich an, zusammengefasst im schlagen-
den, für viele einfach amerikanisch-optimistischen Aufruf des AgeLab:
„Aging: A Global Opportunity to Live Better." Ein Aufruf zur Qualität,
zum guten Leben, das heute offensichtlich immer schwerer zu erreichen
ist in einer auf Wachstum und Beschleunigung ausgerichteten Gesellschaft, die sich an den zentralen Jugendwerten orientiert und diese auch
fürs Alter festschreibt.

Werden sich die Maßstäbe verschieben? Bislang galt: Was jung ist
und schön anzusehen, muss auch gut sein. Wie aber steht es in Zukunft?
Gerade weil es weniger Junge geben wird, dürfte ihre Attraktivität ungebrochen bleiben, ja ihr Wert sogar noch steigen. Andererseits dürfte
sich die Mehrheit der Alten Körperbewusstsein und Werte nicht länger
vorschreiben lassen. Sie haben schließlich Geld. Und Zeit. Und Ideen.
Einige Firmen haben das bereits erkannt und positionieren sich auf dem
Markt der Best Ager. „Weil Schönheit kein Alter kennt", wirbt Dove für
die Pflegeserie pro age. Der Konzern belegt das mit einer Studie vom
Juni 2006, wobei 1 450 Frauen zwischen 50 und 64 zum Thema Schönheit und Älterwerden befragt wurden. 87 Prozent aller Frauen über 50
erklärten, „dass sie sich zu jung fühlten, um schon als ‚alt' abgestempelt

Dove pro age
Werbekampagne für Pflegeprodukte

Wie konditioniert unsere Wahrnehmung
ist, zeigte die überaus erfolgreiche und
sympathische Dove-Kampagne. Nackte
ältere Modelle wurden plötzlich zum
Stadtgespräch. Offenbar ein Tabubruch
für unsere auf ewige Jugend und Fitness
festgeschriebene Gesellschaft: Alter ist
schön.

zu werden." Dann folgt der entscheidende Nachsatz: „Sie würden begrü-
ßen, wenn die Gesellschaft ihre Sicht über Frausein und das Älterwerden
ändern würde."

Goldgräberstimmung im Silver Market Japan

Die Wirtschaft denkt um und erkennt das Alter als Chance und Wachstumsmarkt. Bei Haushaltseinkommen und Vermögen liegt der sogenannte
Silver Market ganz vorn. Der Branchenreport „Senior Finance" des Kölner
Beratungsunternehmens BBE vom 14. Juli 2006 kommt zum Schluss,
dass die über 55-Jährigen bereits heute „rund die Hälfte aller privaten
Vermögenswerte stellen". Sie verfügten „über vier Zehntel der Einkommen der privaten Haushalte. Zwei Drittel haben Immobilien, 75 Prozent
davon sind komplett abbezahlt." [14]

14 *Senior Finance. BBE-Branchenreport*. Köln, 2006.

15 Scheytt, Stefan: „Woopies. Sie haben Geld. Sie haben Zeit. Und alte
Menschen können noch eine Menge
brauchen." *brand eins* 9/2005.

Die Prognosen: Sowohl Zahl als auch Finanz-
kraft der Silver Generation steigen: Allein
zwischen 2006 und 2011 dürfte sich ihr
Geldvermögen um 28 Prozent auf mehr als
2,9 Billionen Euro vermehren. Damit werde
sich „der Anteil des von über 55-Jährigen
gehaltenen Geldvermögens am privaten
Geldvermögensbestand auf 55 Prozent erhöhen." Das wenigste landet
im Sparstrumpf oder unter der Matratze. Konsum gehört zu einer wachsenden Zielgruppe, die wachsende Ansprüche stellt. Das hedonistische
Lebensgefühl einer Generation, die sich noch nicht zum alten Eisen
gehörig fühlt, kollidiert mit fehlender gesellschaftlicher Akzeptanz,
fehlender Auswahl an Waren und einer ebenso wachsenden Gruppe von
Ausgegrenzten und in Armut Gefangenen. Wie auch immer: Die oft
zitierte Konsumabstinenz jedenfalls ist — rein statistisch gesehen — eine
Lüge. Im Gegenteil, die „Alten" würden gerne konsumieren, und sie tun
es auch tatsächlich. Bei 84 Prozent liegt der Anteil des Konsums am
verfügbaren Einkommen bei den 65- bis 75-Jährigen: „50 Prozent aller
deutschen Neuwagen werden von Menschen gekauft, die 50 Jahre oder
älter sind, in der Luxusklasse stellen sie sogar 80 Prozent der Käufer." [15]

Keine Altersgruppe sei „in sich heterogener als die Gruppe der
Alten", stellt der Berliner Soziologe Hartmut Häußermann fest. [16] Entsprechend differenziert nehmen sich auch die Lebens- und Einkaufsgewohn-
heiten aus. Kaum eine Zielgruppe ist so anspruchsvoll, kaufkräftig, vor

allem so divergent wie die sogenannten Senioren. Und keine so begütert und bereit, Geld auszugeben. Bereits heute machen die privaten Ausgaben der Generation 60 plus fast ein Drittel des privaten Konsums aus, erklärt Bundesministerin Ursula von der Leyen. „Bis zum Jahr 2050 wird sich ihr Anteil an den privaten Konsumausgaben rein demographisch bedingt sogar auf über 40 Prozent erhöhen." [17] Von der Leyen schließt mit dem Aufruf: „Wer die große Herausforderung als Chance begreift und Neues entwickelt, dem eröffnen sich weltweit Marktchancen."

16 Häußermann, Hartmut: „Altern in der Stadt." In: *Wohnen im Alter. Visionen, Realitäten, Erfahrungen.* Oberste Baubehörde im Bayerischen Staatsministerium des Inneren (Hrsg.): Dokumentation der Tagung vom 21. Februar 2006, S. 21–40, hier S. 22.

17 Schmidt-Ruhland, Karin (Hrsg.): *Pack ein — pack aus — pack zu. Neue Verpackungen für Alt und Jung.* Universität der Künste Berlin, 2006, S. 10.

18 Gerling, Vera; Conrad, Harald: *Wirtschaftskraft Alter in Japan. Handlungsfelder und Strategien.* Expertise im Auftrag des Bundesministeriums für Familie, Senioren, Frauen und Jugend (BMFSFJ), 2002, S. 6.

19 *Wirtschaftskraft Alter in Japan.* S. 18.

Europa und die USA stehen keinesfalls an der Spitze dieser Bewegung. Japan ist die führende Nation beim Thema Altersmarkt. Mit der weltweit höchsten Lebenserwartung und einer sehr geringen Kinderquote hat das Land der aufgehenden Sonne längst eigene Bezeichnungen geprägt: „shirubâ sangyô", silver industry, und „shirubâ maketto", silver market. Das Umdenken setzte hier viel früher ein. Spätestens seit Ende der Siebzigerjahre sei „das Bewusstsein der Öffentlichkeit hinsichtlich der Problematik der rapiden Bevölkerungsalterung sehr ausgeprägt", resümiert eine Studie des Bundesministeriums für Familie, Senioren, Frauen und Jugend. [18] Firmen erkannten früher als anderswo die Bedeutung des Marktes und seiner spezifischen Anforderungen, allen voran in den Bereichen Medizin und Pflege. Wachstumspotentiale liegen aber nicht nur in den Kernbereichen einer auf Gerontologie und (medizinische) Betreuung ausgelegten Versorgung, sie eröffnen sich kaskadenförmig von oben nach unten, nachdem das allmächtige Wirtschaftsministerium METI (Ministry for Economy, Trade and Industry) die Seniorenwirtschaft als Wachstumsmarkt erkannt und offiziell ausgegeben hat, indem es die „Bevölkerungsalterung zu einer Wachstumsmaschine (seichô enjin)" transformiert. [19] Von Panasonic bis zum Kosmetikgiganten Shiseido werden Senioren als Kunden gesehen, die es durch Produktinnovationen und -offensiven zu gewinnen gilt. Dahinter steckt ein fundamentaler Bewusstseinsvorsprung gegenüber den meisten westlichen Gesellschaften. Japan geht die Herausforderung Alter offensiv an, und zwar so, dass die Vorzüge einer barrierearmen oder gar barrierefreien Umwelt und neuen, intuitiv zu benutzenden, einfachen Geräten allen zugutekommen. Das bei uns leider mitschwingende Vorurteil gegenüber altersgerechten, also „senilen" Produkten, kommt gar nicht auf. Dieser Entwicklungsvorsprung ist fühl- und greifbar. Seit einem guten Jahrzehnt entwickeln japanische Firmen sogenannte Kyôyo-hin-Produkte, also „gemeinsam nutzbare" Dinge, die alle Anforderungen des Universal Design erfüllen und so den Alltag durchdringen und verändern.

20 www.iso.org

21 *Wirtschaftskraft Alter in Japan.* S. 13.

22 „With the advent of unprecedented ageing society, the needs for AD products and services have been intensified. At the same time, the word ‚accessible products/services' has come to be regarded as a key term for the industries." Kyôyo-Hin Foundation, Japan. www.kyoyohin.org; PDF in Deutsch und Englisch unter: http://www.kyoyohin.org/09_foreign/panfu.pdf

Dahinter steht die Philosophie, niemanden auszugrenzen und etwa Fortschritte im Bedienungskomfort nicht als Zugeständnis an ältere Menschen oder solche mit Behinderung auszugeben, sondern den Zuwachs an Lebensqualität für alle Bevölkerungsgruppen herauszustreichen. Seit 1999 wacht die Kyôyo-hin Foundation über einen wachsenden Markt; ihre Richtlinien hatten wesentlichen Einfluss auf die 2001 veröffentlichte **ISO-Norm 71** — „Guidelines for standards developers to address the needs of older persons and persons with disabilities". [20] Gemäß den Statistiken zeigt sich der Erfolg der Kyôyo-hin-Produkte, die gegenüber reinen Pflegeprodukten das Volumen in Japan zwischen 1996 und 2000 mehr als verdoppelten. [21]

Die **ADF** (Accessibility Design Foundation) macht klar, dass Gestaltung heutzutage mehr als Ästhetik umfasst, es geht um basale Größen, um den Zugang zur Gesellschaft und ihren kommunikativen Räumen; zugängliche Produkte und Services haben sich zu einem Schlüsselbegriff der Industrie entwickelt. [22]

Kein Wunder, dass es in Japan mit der **ESPA** (Elderly Service Providers Association) einen eigenen Verband gibt, der verschiedene Produkttypen kennzeichnet, die — je nach Definition — entweder ausschließlich Produkte und Dienstleistungen für ältere Menschen umfassen oder solche, die sowohl „die Bedürfnisse gesunder und rüstiger Älterer abdecken wie auch die der Pflegebedürftigen". [23]

Diese sollen im Folgenden ebenso wenig eine Rolle spielen wie Spezialanwendungen, etwa ein Navigationssystem für Rollstühle, entwickelt vom Tokioter Unternehmen Kusada International, und Pflegeroboter. Ein Markt, der schwer zu erfassen und zu bedienen ist, da die

23 *Wirtschaftskraft Alter in Japan.* S. 12.

24 *Wirtschaftskraft Alter in Japan.* S. 22.

„Bedürfnisse der japanischen Älteren zu komplex und heterogen sind, als dass eine kostengünstige Massenproduktion möglich wäre", meinen die Verfasser einer Studie zum fernöstlichen Silver Market. [24] Entscheidender als perfektes Reha-Design sind die Entwicklungen auf dem Gebiet der Kyôyo-hin Produkte, die Nutzerfreundlichkeit für alle Bevölkerungsgruppen ins Zentrum stellen.

Zufallstreffer Porsche Cayenne: Bequemlichkeit für alle

Der sogenannte Seniorenporsche Cayenne beweist es. Produkte werden nicht verkauft, weil sie für Alte entworfen wurden, sondern eher trotzdem. Hoher Einstieg, rückenfreundliche Sitze und guter Überblick, Abfallprodukte eines Geländewagens für gehobene Ansprüche. Auf den Gedanken, das Auto auch offensiv als Seniorengerät zu vermarkten, kommt niemand. Mit gutem Grund. Das Modell Cayenne zeigt, wie sehr die Industrie von der reifen Zielgruppe profitieren könnte — und die Allgemeinheit der Nutzer ebenso. Statt Produkte auf immer kleinere Märkte zu trimmen und noch die letzte Splittergruppe zu erschließen, zeigt ein ungewollt breiter Ansatz, wie Kunden an ein Unternehmen gebunden werden. Weg vom Reha-Design. Weg von Ausgrenzung und Stigmatisierung. Es lebe Komfort für alle! Nicht zum ersten Mal setzen sich Neuerungen erst dann durch, wenn sie als besonders bequem empfunden werden. Scheinbare Speziallösungen sind gar keine. Bestes Beispiel ist die Niederflurtechnik in öffentlichen Verkehrsmitteln. Bei Bus und Trambahn hat sie sich mittlerweile durchgesetzt. Was früher als reine Maßnahme für Menschen mit Moblitätseinschränkungen gedacht war, nehmen alle dankbar auf: Väter mit Kinderwagen ebenso wie Radfahrer, die ihr Sportgerät gleich mitnehmen. Zudem verkürzen sich die durchschnittlichen Einsteigezeiten, wovon wiederum die Betreiber von Buslinien profitieren.

Noch immer laufen wir in die Ästhetik-Falle: Die Vorstellung „Small is Beautiful" hat in Kürze nicht ausgedient, wohl aber ihren Sinn verloren. Heute gilt Jugend noch immer als marktbeherrschende Zielgruppe. Besonders in der westlichen Hemisphäre wird Attraktivität unreflektiert gleichgesetzt mit Frische, Jugend und Aktivität. Kein Wunder, dass sich auch ältere Junggebliebene diese Art von Jugend nicht nehmen lassen wollen, so dass nach vorsichtigen Schätzungen etwa im Jahr 2020 ein Drittel aller Verkehrsteilnehmer über 60 sein werden. Auf einmal aber existiert ein vierter Lebensabschnitt nach Kindheit, der Generation Praktikum, dem Berufsleben mit anschließendem Rückzug aus der Erwerbstätigkeit bis 70. Erst danach dominiert der Abbau der geistigen und körperlichen Ressourcen. Die gebrechlichen Alten haben sich aber in den Köpfen festgesetzt, Alter bleibt negativ besetzt. Jeder Artikel, der Defizite anspricht, gerät in einen gefährlichen Abwärtssog. Reha-Design und Geronto-Anmutung werden in Zukunft verschwinden, zeitgleich dürfte das heutige Bild des Alters einer wesentlich differenzierten Wahrnehmung Platz machen. Niemand wird über Nacht alt, sondern immer nur älter. Lange Zeit kompensieren wir die permanenten Veränderungen in Körper und Geist, bis gewisse Schwellen erreicht und überschritten werden. Bis dahin stellt sich die Frage, ob es überhaupt seniorengerechte Produkte geben muss, wenn Gestalter nach den Prinzipien des Universal Design vorgehen.

Skandinavien ist längst Vorreiter des gesellschaftlichen Wandels, der sich in alltäglichen Dingen niederschlägt. Wenn ein handliches Brotmesser bei IKEA landet, erklärt sich sofort, warum es keine Seniorenprodukte geben muss. Ein ergonomisches Handwerkszeug signalisiert auf einmal einen Kulturwandel, der nicht mehr auf den Reha-Bedarf setzt und ganz nebenbei jede Stigmatisierung aufhebt, sondern auf breiten Zugang. Bereits heute bemüht sich Vital-Werbung um ein neues Bild des alten Menschen. Es besteht ein großer Bedarf an neuen Produkten und mit ihnen an Service und Beratung. Alter ist plötzlich eine Chance, kein Klotz am Bein für eine Wirtschaft, die zunehmend daran denkt, die aus langer Berufstätigkeit gewonnene Expertise ihrer Mitarbeiter zu erhalten und nicht mit Mitte 50 zu verlieren. Die Alten von morgen seien nicht mehr die von gestern, sagen übereinstimmend Gestalter und Soziologen. Etwas muss noch hinzukommen, werden wiederum Wirtschaftler betonen: Erst Selbstbeschaffung schafft einen Markt. Wenn aus Patienten aktive Konsumenten und zahlende Nutzer werden, öffnen sich neue Möglichkeiten. Wer aus eigener Tasche für seinen Bedarf kauft, ist kritischer und fordernder als der Patient, dem etwas zugewiesen wird, dessen Wert (Preis) er gar nicht kennt.

Die neue Welt beginnt mit Komfortartikeln. Sie sind der Hebel, um größere Veränderungen auf den Weg zu bringen. Dazu sollte man alles hinterfragen, vom Fahrkartenautomaten bis zum Kochtopf, von der Benutzungsoberfläche bis zum Bügelbrett. Profitieren werden alle Nutzer. Die Angst der Hersteller vor dem Alter ist gleich der Angst vor dem eigenen Schatten. Sie müssen nur offensiv mit dem Thema umgehen. Wer es als umsatzschwaches Nischenprodukt mit garantiertem Negativimage abtut, wird auf der Strecke bleiben. Ältere Menschen sind das Gegenteil von Versuchspersonen, sie sind mündige Konsumenten und als solche gleichsam Seismographen gestalterischer Fehlentwicklungen, kurz: ideale Partner, um Produkte zu optimieren, die allen zugutekommen.

Mathias Knigge, Partner der Hamburger Agentur grauwert,
über die Vermittlung und Entwicklung von Altenprodukten

OH   **Wie lange arbeiten Sie schon im Bereich Universal Design?**

MK   Seit fast zehn Jahren, angefangen als Wissenschaftlicher Mitarbeiter beim Forschungsprojekt sentha der Universität der Künste in Berlin. Damals erstellten wir Studien zum Thema Produkte für Ältere im häuslichen Bereich. Es sollten Prototypen entstehen, die zeigen, wie in Zukunft eine Welt aussehen könnte, die Älteren etwas erleichtert, ohne gleich als Seniorenprodukte aufzufallen.

OH   **Was war dafür der Schlüssel?**

MK   Akzeptanz. Sie ist entscheidend für alle Bemühungen im Universal Design. Es ist wichtig, dass man über reine Barrierefreiheit hinauskommt und nicht nur versucht, Defizite bei Älteren zu beheben. Vielmehr ist ein zusätzlicher Nutzen und eine ansprechende Gestaltung gefragt. Dabei bildet das Verständnis von alterspezifischen Veränderungen die Basis unseres Wissens. Parallel haben wir an Methoden gearbeitet, um ältere Menschen aktiv in die Entwicklung von Produkten einzubinden.

OH   **Durch Umfragen?**

MK   Es ging nicht um quantitative Fragebögen. Wir wollten näher ran, wir sahen uns vor Ort die Lebenswelt älterer Nutzer detailliert an. Wo liegen die Probleme, was soll verändert werden? An welchen Stellen kann man mit Prototypen oder Produkten helfen und diese wiederum bewerten lassen?

OH   **Zehn Jahre klingt sehr lang, was hat sich getan in dieser Zeit?**

MK   Wir haben den Anfang miterlebt, damals war es ein rein wissenschaftliches Projekt, öffentlich kaum wahrgenommen. Damals war Alter ein Nischenthema. 2003, mit Ende des Forschungsprojekts, drang es langsam ins öffentliche Bewusstsein. Zunächst ganz allgemein in Talkshows und Büchern, die die Generationenfrage behandelten, später immer detaillierter bis hin zu der Frage nach den passenden Produkten für eine immer älter werdende Bevölkerung.

OH **Wenn wir nun Produkte ansehen, was hat sich konkret getan, gibt es Meilensteine?**

MK Das ist eher ein schleichender Prozess: Viele kleine Schritte, alle sind dran am Thema. Aber keiner zeigt es ganz deutlich, denn es wird tunlichst vermieden, mit expliziten Seniorenprodukten auf den Markt zu kommen. Daher kann man viele Veränderungen nur durch das geschulte Auge erkennen.

OH **Warum werben so wenige Firmen mit altengerechtem Design? Haben die Angst vor der Stigmatisierung ihrer Produkte?**

MK Im Mittelpunkt steht immer die Frage, wie man gute Lösungen, Erleichterungen für ältere Menschen, diskret kommuniziert. Ältere Menschen zeigen sich nicht begeistert, wenn sie direkt auf mögliche Defizite angesprochen werden. Und trotzdem ist es ja nötig, potenziellen Käufern den Nutzen eines Produkts zu kommunizieren.

Damit Design glückt

OH **Können Sie Beispiele für geglücktes Design nennen?**

MK Zum Beispiel den Küchenhersteller ALNO mit seiner Linie „My Way". Vor drei, vier Jahren gab es im Unternehmen erste Workshops und einen Wettbewerb, inzwischen bekommt man die Küche über den Handel. Die Verbesserungen liegen im Detail, ein zusätzlicher Griff hier, ein Schneidebrett, das man um zehn Zentimeter erhöhen kann, dort. Dazu gute Ablagen, ausziehbare Schübe für Wasserkästen oder eine hoch gesetzte Geschirrspülmaschine. Die Kommunikation stimmt: Sie ist nicht für Senioren, sondern für Individualisten.

OH **Hier geht die Gleichung „nicht für Alte, sondern für alle" auf.**

MK Ältere Menschen werden das als bedeutende Vereinfachung

wahrnehmen, jüngere finden es einfach bequem. Damit öffnet sich der Bereich, man kommuniziert Bequemlichkeit und schlägt damit alle unter dem Stichwort „Barrierefreiheit" angebotenen Speziallösungen. Diese haben ohnehin durch ihre geringe Auflage und ihr häufig besonderes Aussehen keinen großen Erfolg bei der Masse.

OH **Also lassen sich allgemeine Lösungen der Allgemeinheit über die Bequemlichkeitsschiene unterjubeln?**

MK Der Zusatznutzen ist wichtig. So etwas macht die eigene Marke nicht kaputt und es ist für den Konsumenten charmanter, wenn er keine spezielle Seniorenlinie kaufen muss. Da spielt die Psychologie mit. Niemand gesteht sich seine Defizite gern ein. In der Regel entscheidet man sich ja für bestimmte Produkte zu einer Zeit, wo das Alter noch nicht als Problem wahrgenommen wird. Kurz vor dem Altersheim, wenn die Wohnung nicht mehr funktioniert, kann man nicht durch eine neue Küche zehn Jahre länger in den eigenen vier Wänden leben. Man muss und kann aber mit 55 oder 60 die Weichen stellen, es ist wichtig, sich vorausschauend aufs Altwerden vorzubereiten. Von den Vorteilen profitiert man dann bis ins hohe Alter.

Japan ist weiter

OH **Wo steht Europa im Vergleich mit Japan?**

MK Japan ist in der Umsetzung weiter, dort findet man eher Produkte nach Universal-Design-Prinzipien. Japaner haben das Problem Alter viel früher erkannt. Ein Konsortium führender Unternehmen hat einen Verband für Universal Design gegründet und Forschungsaktivitäten gebündelt. Zugleich, und das macht es so schwierig, besteht ein riesiger Kulturunterschied.

OH **Was wollen Japaner, was Europäer?**

MK Technik wird ganz anders akzeptiert und ihre Unterstützung wird viel mehr geschätzt. Eine Toilette, die zugleich den Blutzucker misst, wäre hier mit Gedanken an George Orwells 1984 und Dauerkontrolle belegt. Die Teekanne, die per SMS an die Verwandtschaft Alarm gibt, wenn nicht regelmäßig Tee gekocht, also Flüssigkeit zu sich genommen wird. Und der Roboter im Plüschpelz. Ich weiß nicht, ob das nun besser oder schlechter ist, denn mich irritiert diese Welt auch manchmal. Vieles ist nicht direkt übertragbar, aber sie haben wirtschaftlichen Erfolg, auch, weil sie früher gestartet sind. Toshiba etwa hat eine Waschmaschine, deren Trommel zum Einladen um 15 Grad geneigt ist. Ein kleiner, aber wichtiger Kniff. Die Öffnung der Trommel ist zudem noch 20 Prozent größer, es gibt größere Anzeigen. Japan öffnet eine andere Welt und wenn man verschiedene Produkte gegenüberstellt, erzeugt das Verspieltere auch Irritationen.

OH **Kommen wir zu den Zahlen. Wie groß ist der Markt von Universal Design?**

MK Wir sprechen augenblicklich von über 20 Millionen Menschen im Alter über 60 in Deutschland. Schätzungen für das Jahr 2030 gehen davon aus, dass diese Gruppe dann ein Drittel der Bevölkerung stellt. Zudem schrumpft die Bevölkerung, es wird also weniger junge Käufer geben. Die finanziellen Ressourcen der Generation 55 Plus gelten als ausgesprochen gut. Laut einer Studie verfügen sie über ein Geldvermögen von mehr als 2,3 Billionen Euro. Aber letztlich sind Zahlen gar nicht ausschlaggebend, denn Universal Design will ja nicht nur an die ältere Generation verkaufen. Es geht darum, dass die Produkte für alle interessant sind und dabei auch die Alten mit ins Boot geholt werden.

OH **Im Markt für Telekommunikation scheint sich etwas zu tun. Aber wie sind XXL-Handys wie „Katharina das Große" zu bewerten?**

MK Das bewegt sich dazwischen, von der Schnittstelle zum Benutzer ist es ganz klar für Ältere gemacht, aber nach den Kriterien des Universal Designs zehn Prozent zu groß. Es kommuniziert, dass es ein Spezialprodukt ist, weil es nicht der Ästhetik eines echten Serienprodukts entspricht. Die Betonung eines großen Knopfes zielt plötzlich ganz aufs Defizit ab. Ein 40-Jähriger wird sich kaum dafür begeistern. Da wird eine Chance vertan. Eine Gestaltung, die andere mit einschließt, würde hier viel bewirken.

Serie 805
Barrierefreies Bad von HEWI

Ebenerdiger Zugang ohne Stolper-
schwellen, Handgriffe und optionale
Sitzhilfe. So sieht das Standardbad der
Zukunft aus, das auch ästhetisch keine
Abstriche mehr zulässt: Klare Formen
und pflegeleichte Armaturen erfreuen
Auge und Hand.

OH   **Warum steigt kein Massenhersteller beim Universal Design ein?**

MK   Zum einen, weil das Geschäft mit Klingeltönen, also mit Menschen unter 23, so groß ist, dass sich andere Felder gar nicht aufdrängen. Auf der anderen Seite erwerben die Konsumenten ohne Protest Geräte, mit denen sie später kaum zurechtkommen. Die Revolution bleibt aus. Derjenige, der das erste leicht zu benutzende Handy entwickelt, das zugleich durch edles Design überzeugt, hat gewonnen, wenn es ihm gelingt, über Vertrieb und Kommunikation mittlere und ältere Zielgruppen zu erreichen.

OH   **Die Großen warten also ab?**

MK   Es kann sein, dass sie so lange warten, bis das Thema richtig beackert worden ist. Vieles steckt in der Schublade, aber sie lassen kleine Anbieter alle möglichen Fehler machen, lassen einen Markt entstehen. Wenn später Ältere das Handy im Rhythmus der Jungen wechseln, können sie wunderbar in das Feld einsteigen. Die Crux ist ja: Bisher ist die Funktionsvielfalt der Benutzerfreundlichkeit übergeordnet. Aber langfristig wird man nicht um Produkte im Sinne des Universal Designs herumkommen. Die Sanitärbranche bildet den Vorreiter. Der Fokus hat sich dort völlig verschoben, von behindertengerecht über barrierefrei hin zum Komfortbad. Benutzerfreundlich und gut gestaltet — da kommt das Thema bereits ganz anders an.

OH   **Vom Bad über die Wohnung in die große Welt?**

MK   Das bleibt zu hoffen, Ansätze gibt es viele.

UNIVERSAL DESIGN IN DER PRAXIS: VON KOPF BIS FUSS AUFS ALTER EINGESTELLT

70 über Nacht: Einkaufen im Alterssimulationsanzug

15.40 Uhr   Bereit. Soll ich die Hose ausziehen? „Nein, müssen Sie nicht, aber setzen Sie sich ruhig mal hin!" Dr. Roland Schoeffel breitet einen silbrig glänzenden Overall auf dem Boden aus. Könnte ein Astronautenanzug sein, ein früher, im dem John Glenn um die Erde schipperte. Vorsichtig fädle ich ein Bein ein. Dann das andere. Kaum stecke ich in dem viel zu großen Anzug, legt Schoeffel Klettverschlüsse an. Schön eng. Platten an den Gelenken. Schon kann ich Arme und Beine schlechter abwinkeln. Jetzt kommen die Gewichte. Schoeffel grinst und steckt Eisenstäbe in Taschen an Armen, Beinen und an der Brust. Sehen aus wie Schokoriegel. Je 100 Gramm schwer, insgesamt 15 Kilo Eisen. 15 Kilo älter. Unbeweglicher. „Wie ist es, weniger Kraft zu haben?" Eigenartig.

15.51 Uhr   Nur noch Handschuhe über die Hände, Brille über den Kopf und Kopfhörer aufgesetzt. Dann folgt die Halskrause. Ältere können den Kopf schwerer bewegen, schwerer drehen, erfahre ich. Schoeffels Stimme kommt wie durch Watte. Das Büro scheint geschrumpft. „Wie fühlt es sich an?", fragt der Entwickler. Ich stehe auf. Schön vorsichtig. Schritt für Schritt. Wie Honig, als ob man durch eine zähe Masse watet. Ich spüre klaustrophobische Anwandlungen. Ist es das? Gefangen im eigenen Körper. Houston, ich habe ein Problem!

15.55 Uhr   Ganz ruhig! Nur die Treppe hinunter. Schritt für Schritt. „Schön festhalten", murmelt jemand von hinten. Jemand zieht an meinen Füßen, jemand hat etwas dagegen, wenn ich die Hand hebe. Ich stemme mich voran. Jetzt in den Keller. Einen Kasten Bier holen. Alkoholfrei. Wo ist der Lichtschalter? Der leere Kasten soll in den Wagen. Dann geht es zum Getränkehändler. Gehe in die Hocke und ziehe den Kasten unter dem Bord hervor. Geschafft. Jetzt zum Auto.

16.03 Uhr   Muss aufpassen, dass ich nicht über den Stoff stolpere. Der Anzug ist über die Schuhe gerutscht. Wie geht der Kofferraum auf? Ein winziger Druckknopf. Vorsichtig die Heckklappe aufschwenken, dann

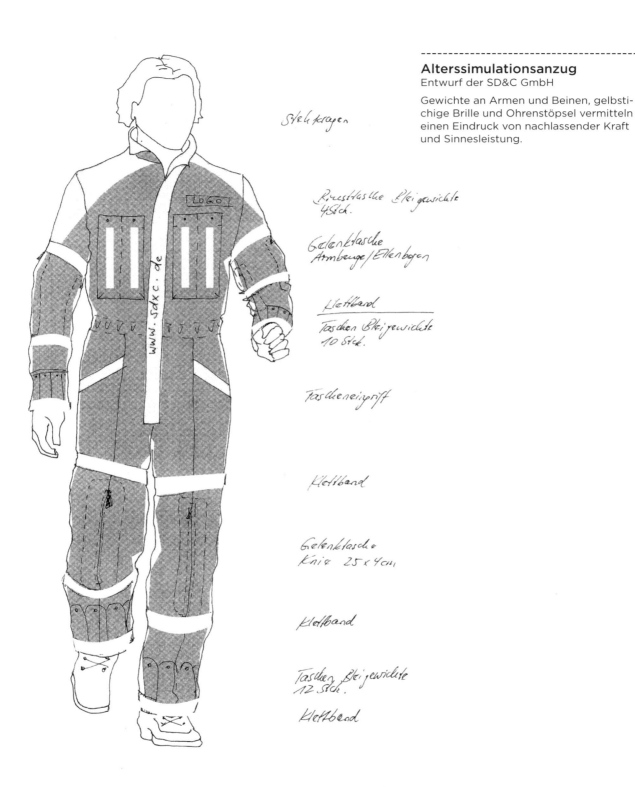

Stehkragen

Brusttasche Bleigewichte
4 Stck.

Gelenktasche
Armbeuge/Ellenbogen

Klettband

Taschen Bleigewichte
10 Stck.

Tascheneingriff

Alterssimulationsanzug
Entwurf der SD&C GmbH

Gewichte an Armen und Beinen, gelbstichige Brille und Ohrenstöpsel vermitteln einen Eindruck von nachlassender Kraft und Sinnesleistung.

Klettband

Gelenktasche
Knie 25 x 4cm

Klettband

Taschen Bleigewichte
12 Stck.

Klettband

www.sdxc.de

LOGO

rein mit dem Tragerl Bier. Jetzt einsteigen, hinten. Keine eigene Tür. Alles wirkt so fremd, so diffus. Autofahren könnte ich so nicht. Bin froh, als ich endlich sitze.

16.09 Uhr   Vor dem Getränkeladen. Panik. Ich komme nicht mehr los. Irgendwas hält mich zurück. Ach ja, Gurt lösen. Schwenke ein Bein um den Vordersitz, klettere aus dem Wagen und stapfe auf den Eingang mit dem Bier zu. „Suchen Sie doch mal einen neuen Kasten!" fordert Roland Schoeffel. Leichter gesagt als getan. Sieht alles gleich aus. Türme von Getränken mit verwischten Schildern. Kann kaum etwas erkennen. Fühlt sich das später wirklich so an? Cola, Wasserkästen, Bier. Wo ist das alkoholfreie? Stapfe um eine Biegung und fange von vorne an.

16.14 Uhr   Roland Schoeffel nimmt mich an die Hand. „Dort steht es." Danke. Gehe in die Hocke, der volle Kasten hat es in sich. Schwer wie ein Betonklotz. Jetzt bezahlen. 11 Euro 95. Schoeffel reicht mir die Brieftasche. Finde 50 Euro. Will schon sagen: „Können Sie rausgeben?", dann packt mich der Ehrgeiz. Fahnde nach einer Münze. Sind das zwei Euro? Fragend strecke ich sie der Verkäuferin hin. Glück gehabt.

Was soll der Anzug bewirken? „Eine grobe Idee davon vermitteln, was es bedeutet, alt zu sein", sagt Schoeffel. Um wissenschaftliche Daten zu gewinnen, müsste er genau auf den jeweiligen Träger ausgerichtet werden. So vermittelt er nur einen Eindruck der Welt von morgen, wenn die Linsen gelbstichig geworden sind, die Hörkraft nachlässt, die Muskelmasse schwindet, das Tastempfinden nachlässt und jeder Schritt beschwerlich wird. Die Dinge von morgen müssen sich dem anpassen, wenn Kraft, Beweglichkeit und Sensorik schwinden.

Trotz Forschung und Universal-Design-Prinzipien: 100 Prozent Benutzerfreundlichkeit seien nicht immer zu schaffen, irgendwo liege immer eine Abrisskante, sagt der Ergonomie-Experte. Nach langer Arbeit an einem Automaten gelangen Schoeffel und seinem Team einmal sagenhafte 95 Prozent. „Vor allem haben wir einige Tasten weggelassen und es funktionierte immer noch." Der 55-Jährige studierte Psychologie, Informatik und Anthropologie und war Leiter der Abteilung Ergonomie und User Interface Design bei Siemens, bevor er sich 2002 mit der SD&C GmbH selbstständig machte. Hinter dem Notebook steht eine Schale mit Gelee-Früchten. Rote, grüne, gelbe. „Die brauche ich manchmal",

Einkaufen im Alterssimulationsanzug:
der Autor beim Selbstversuch

sagt Roland Schoeffel und schnappt sich ein Teil. Genauso fühlt sich der Anzug an, eingepackt in Gelee.

Geworben hat Bosch-Siemens-Hausgeräte mit den von Ingenieuren, Designern und Psychologen überarbeiteten Produkten kaum. Mitte der Neunzigerjahre hieß das Komfort, klärt Schoeffel auf, und neben dem Geschirrspüler mit der leicht füllbaren Tabs-Box standen Senior Modells für den Katalog. Das war's. Kein Label Universal Design, keine Bezeichnung für altengerechte Bedienung. Damals begannen sie eine eigene Version des Alterssimulationsanzuges zu entwickeln, eines Astronautenanzugs mit gelber Skibrille, Handschuhen und Ohrenschützern, der Probanden schlagartig 30 Jahre älter macht. Der Anzug sollte seinen Trägern ermöglichen, sich einmal einzufühlen in die Welt nach dem Leistungsmaximum. Besonders Manager zeigten sich beeindruckt, sagt Schoeffel, wenn sie „selbst mal spürten, was es heißt, alt zu sein." Als ein Kollege die Geschirrspülmaschine in der Hocke ausräumen sollte, kippte er um. Lag auf dem Rücken wie ein Maikäfer, erinnert sich Schoeffel. „Da müssen wir etwas ändern!" Erkenntnis aufgrund eigener Erfahrung — offenbar fällt es schwer, uns in andere Lebenswelten einzufühlen, besonders, wenn diese mit Einschränkungen, Handicaps und Leiden verbunden sind und dem eigenen Denken und Fühlen entgegengesetzt scheinen. Welche Lehren sollten Designer und Industrie aus solcher Forschung ziehen? Es geht um eine neue Wahrnehmung und die Bereitschaft, alte Pfade zu verlassen. Große Tasten, abgespeckte Funktionen und überdimensionale Geräte allein bewirken nichts, wenn sie nicht zumindest auch chic sind. Ästhetik ist keine Altersfrage und Design ist zwar ein Differenzierungselement des Marktes, niemals aber Ausgrenzungsinstrument. Universal Design wird eine neue Balance definieren aus Formgebung und Ergonomie, in der sich beide Elemente wechselseitig verstärken und nicht voneinander zu trennen sind. Oberflächliches Styling dürfte es in Zukunft ebenso schwer haben wie marketinggetriebene, vermeintliche Produktinnovationen, die als technische Spielerei auftreten.

Auge um Auge, Ohr um Ohr

Es geht ums Ganze. Auge, Ohr, Hand und Fuß müssen zusammenwirken, wollen wir in einer zunehmend komplexen Welt bestehen. Wenn die nachfolgenden Kapitel wie ein Gegenteil dieser These klingen, gleichsam die atomistische Zersplitterung des Menschen in seine Sinne und Gliedmaßen betreiben, so hat dies einen pragmatischen Grund. Wenn es darum geht, einzelne Innovationen zu bewerten und eine Vergleichsbasis zu schaffen für das, was uns in Zukunft begegnen wird, bieten Kategorien unschätzbare Vorteile, nicht zuletzt deshalb, weil Architektur, Innenarchitektur und Design hier zusammenwirken und so eine Einheit auf anderer, größerer Ebene betreiben. Gestaltung bildet die Einheit, ihre Ziele sind humanistisch. Nicht länger soll sie verstanden werden als ästhetische Hülle und Kompensationsfaktor einer erkaltenden Gesellschaft, die das Miteinander durch Technik ersetzt, sie ist Teil des Wandels, Katalysator und Produkt des Neuen. Nichts anderes ist Gestaltung: Teil eines unabgeschlossenen Prozesses.

25—28 Burckhardt, Lucius: „Design ist unsichtbar." In: *Design ist unsichtbar*. Herausgegeben von Helmut Gsöllpointer, Angela Hareiter, und Laurids Ortner. Österreichisches Institut für Visuelle Gestaltung. Wien, Löcker, 1981, S. 13—20, hier S. 18, 19.

Nicht alles wird nur einer Kategorie zuzuordnen sein und manche Leser mögen eine weitere, die entscheidende Größe vermissen: den menschlichen Geist. Er blitzt auf in vielen Innovationen junger Gestalter, die sich so intensiv mit den Grundlagen für morgen beschäftigt haben, dass sie nicht bei Produkten stehen blieben, sondern sich der Analyse verschrieben haben und dem Wunsch, gesellschaftliche Systeme voranzutreiben, als hätten sie Lucius Burckhardts Kritik an der Ulmer Hochschule für Gestaltung aufgenommen, mehr noch: umgesetzt. „Die Ulmer Lösungen", schreibt Burckhardt 1981 in seinem berühmten Aufsatz „Design ist unsichtbar", „waren technokratisch. Sie beruhten auf einer radikalen Analyse des zu erfüllenden Zwecks, stellten aber den Zweck selbst nicht in einen höheren Zusammenhang." [25] Burckhardt zeigt scheiternde Designansätze, die am Gegenstand kleben blieben, ohne das Ganze in den Blick zu nehmen, oder, wie er selbst formuliert: „die Welt einteilen nach Objekten anstatt nach Problemen". [26] Folglich gibt es für Burckhardt auch „böse Objekte", desintegrierende wie das Auto, welche „uns von Systemen abhängig werden lassen, die uns am Ende ausplündern oder im Stich lassen." [27] Die folgenden Beispiele wollen das Gegenteil. Sie sorgen dafür, dass sich alle weiterhin an der Gesellschaft beteiligen können, auch wenn sie zumindest bei einer Forderung Burckhardts versagen müssen. Halb scherzhaft, halb ernst stellt er ein Gedankenexperiment an. Warum sich an modernistisch gestalteten Gabeln abarbeiten, wenn es um das Miteinander geht, und warum keine Küche entwerfen, „die dazu anregt, dem Gastgeber beim Zerkleinern der Zwiebel zu helfen." [28]

Warum eigentlich nicht? Vielleicht sind die vielen Detaillösungen doch nur ein Schritt auf dem Weg zum Universaldesign, das allumfassend ist und ubiquitär, ein echter Spiegel der Gesellschaft? Dazu werden die Dinge mit Intelligenz aufgerüstet und vernetzt. Die Welt von morgen ist eine Smart World.

Smart Home — Intelligenz in den Dingen

Smart Home heißt seit einiger Zeit das Zauberwort der Entwickler, die sich ein intelligentes Heim erträumen, das dem Menschen dient und ihn beinahe liebevoll überwacht. Ein cleveres System soll für Sicherheit sorgen, wenn die Bewohnerin stürzt und nicht mehr um Hilfe rufen kann. Dann folgt ein automatischer Notruf. Ob uns dies nun passt oder nicht: Die Welt von morgen wird sich von der heutigen wesentlich unterscheiden. Und doch wird sie zentrale Elemente von heute aufnehmen und weiterspinnen. Kommunikation ist der Schlüssel zur Zukunft. Sie wird allumfassend sein und ubiquitär. Zum Dialog der Menschen wird erstmals auch eine Maschinenkommunikation treten, die auf eine verstreute, rudimentäre Intelligenz der Dinge setzt. Im Zentrum dieser neuen Kommunikationssphäre stehen winzige, dezentrale Funkchips, die Informationen über ihre Träger aussenden: Standort, Inhalt oder Gewicht. Die Technologie der **Radio Frequency Identification,** kurz **RFID**, polarisiert. Kritiker vermuten in den Funkchips die wohl subtilste und allumfassendste Überwachung der Konsumenten seit Erfindung der Schrift. Skeptisch beäugen Datenschützer die Informations-Sammelwut der Konzerne, die zum ersten Mal Muster erkennen können im Kaufverhalten einzelner Personen. Aber schon melden sich Stimmen, die in der automatischen Identifizierung von Gegenständen und Lebewesen durch applizierte oder implantierte Transponder einen gewaltigen Fortschritt sehen. Was, wenn solche Chips Menschen hilfreich zur Seite stehen und zusammen mit Lesegeräten unleserliche Beipackzettel von Medikamenten ersetzen und relevante Inhalte auf einem Monitor aufscheinen lassen, indem sie Dosierungshilfen anbieten, den Schlüsselbund unnötig machen oder —

im Extremfall — Menschen retten, die sich beim Waldspaziergang verlaufen? RFID bietet eben mehr als die automatische Erfassung von Daten. Erste Schritte zielen in diese Richtung und es ist noch nicht ausgemacht, ob die Schwelle zwischen Sicherung und Überwachung des Menschen überschritten wird. Eines jedenfalls ist sicher. Die Welt von morgen wird Hardware durch Software ersetzen. Ausweis und Schlüssel können durch biometrische und RFID-basierte Zugangskontrollen ersetzt werden. Die amerikanische Food and Drug Administration wolle Medikamente mit Funk-Etiketten versehen, um wirksam gegen Fälschungen vorzugehen, berichtet Karin Pollak bereits 2005 in *brand eins*, Intel hingegen teste den RFID-Chip „auf seine Tauglichkeit als allgegenwärtiger Begleiter — auch in der Wohnung". [29]

29 Pollack, Karin: „Was ist eigentlich RFID?" *brand eins* 1/2005.

30 Schmidt-Ruhland, Karin (Hrsg.): *Pack ein — pack aus — pack zu. Neue Verpackungen für Alt und Jung*. Universität der Künste Berlin, 2006.

Einen ersten Vorgeschmack darauf bot vor Jahren der Funkwecker — als brachiale, einseitige Form von Kommunikation. Der gute Geist in allen Dingen, hier ist er zu greifen und zu fühlen. Felix Wiesner, 24-jähriger Designer aus Trier, erhielt für seinen Wassergeist den zweiten Preis des erstmals durchgeführten Bundeswettbewerbs „Pack ein — pack aus — pack zu. Neue Verpackungen für Alt und Jung". [30] Die Idee hinter der **Memowasserflasche Wassergeist** mit Griff-Noppen, leichtem Verschluss und bonbonfarbener Kodierung ihrer Inhaltsstoffe: Vergiss nicht zu trinken. Ein korrespondierender Armreif mit Vibrationsalarm gibt in regelmäßigen Abständen den Hinweis, doch wieder etwas Flüssigkeit zu sich zu nehmen. Wiesners Erinnerungshilfe hilft nicht nur Älteren, ist aber klar auf diese Zielgruppe festgelegt. Und sie ist im Gegensatz zu den vernetzten Intelligenzen der schönen Neuen Welt greifbar und insofern konventionell.

31 Herwig, Oliver: „Adressen und andere Kleinigkeiten." *Designreport* 5/02.

Ungewohnte intelligente Dinge als helfende Hände und unsichtbare Schutzengel einzuspannen, heißt aber auch, neue Wege im Design zu beschreiten. Die ersten Anzeichen dafür — Studien und Prototypen — reichen weit zurück. Bereits 2002 suchten Kommunikationsanbieter und Designer nach neuen Wegen, Daten persönlich zu speichern und festzuhalten. [31] Als damaliger Associate Partner von Pentagram Design entwickelte David Tonge eine Designstudie für den amerikanischen Telekommunikationsriesen AT&T. Sie sollte zeigen, wie

Memowasserflasche Wassergeist
Trinkflasche mit Erinnerungshilfe von Felix Wiesner

Ein vibrierender Armreif erinnert regelmäßig daran, wieder etwas zu trinken. Dafür gab es 2006 den zweiten Preis im Bundeswettbewerb „Pack ein — pack aus — pack zu. Neue Verpackungen für Alt und Jung".

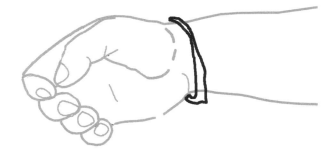

Informationsflüsse unseren Alltag prägen werden. Kylie, Joe, Phyllis und Lars heißen die menschlichen Modelle, die mit ihren Vorlieben stellvertretend Schlüsselbereiche wie Schule (Wissen), Gesundheit, Freizeit und Einzelhandel beleuchten. Rentner Joe trägt den Blutdruckmesser am T-Shirt, während sein Besteck laufend Kalorien zählt und Protokoll darüber führt, was er so in sich hinein schaufelt. Phyllis hingegen, Mutter von drei Kindern, trägt einen sogenannten **Personal Shopper** an ihrer Umhängetasche, der nicht nur ihr Profil kennt, sondern auch ihren Terminplan und mit den Waren im Einkaufsregal kommuniziert. Er erinnere sie „an die Dinge, die sie vergessen hat", heißt es im Begleittext, an Sachen, die sie für die Party am Abend „in Betracht ziehen könnte" oder einfach nur an all das, was sie „normalerweise kauft".

Schöne neue Welt. Was wir daraus machen, bleibt uns überlassen, erstmals wird jedenfalls ubiquitäre Intelligenz in den Dingen die Möglichkeit bieten, uns das Leben leichter zu machen. Und das ist nicht unbedingt eine schlechte Aussicht, seien wir nun jung oder alt.

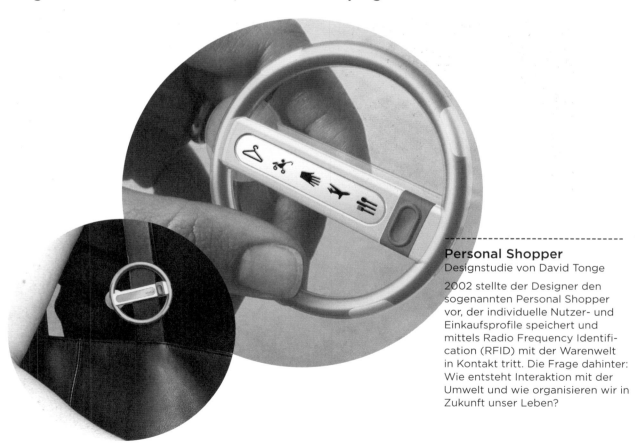

Personal Shopper
Designstudie von David Tonge

2002 stellte der Designer den sogenannten Personal Shopper vor, der individuelle Nutzer- und Einkaufsprofile speichert und mittels Radio Frequency Identification (RFID) mit der Warenwelt in Kontakt tritt. Die Frage dahinter: Wie entsteht Interaktion mit der Umwelt und wie organisieren wir in Zukunft unser Leben?

AUGE

Blind Touch
Übersetzungsmaschine von
Chun-Chiang Huang

Knopfdruck genügt, schon lassen sich
Gespräche und Geräusche aufnehmen. Das
Gerät übersetzt gesprochene Sprache in
Braillezeichen, die als fortlaufender Ticker
am unteren Ende erscheinen.

ALT IST MAN IMMER ERST IN FÜNF JAHREN. UND DIE ALTEN VON HEUTE SIND NICHT DIE ALTEN VON MORGEN.

CHRISTIAN BÜHLER

Auge

Die Welt ist flach und sie ist zumeist in 19 bis 21 Zoll gepresst, seit der Computer immer mehr Bereiche des Lebens bestimmt. Seine Benutzungsoberflächen und Programmversionen bilden die Grenzen unserer Wahrnehmung. Lange Zeit haben Nutzer sich mit Standardlösungen zufrieden gegeben, die sie mehr oder weniger aufwendig auf ihre Bedürfnisse zuschneiden oder schlicht akzeptieren mussten. Die viel gepriesene Intelligenz der Produkte blieb bislang aus, intuitive, sich sofort erklärende Oberflächen und Programme bilden die Ausnahme. [32] Computernutzung heißt immer noch Lernen, mit dem Computer umzugehen. Das haben selbst Open-Source-Projekte wie Linux nicht verändert.

Usability und Rechner bilden zwei Welten, die erst noch zusammengebracht werden müssen. Dabei existieren sowohl für die Gestaltung von Software Normen (ISO 9241 Teile 12 bis 17) und daraus abgeleitete Empfehlungen [33] als auch Richtlinien für (seniorengerechte) Gestaltung digitaler Informationen. Eine besonders einflussreiche stammt vom National Institute on Aging (NIA) und der National Library of Medicine. [34] Manche Experten fürchten allerdings gestalterische Bevormundung und starke Einschränkungen in der Gestaltungsfreiheit, was schließlich zu ästhetischen Einbußen führe. Marc Hümmer, Redakteur und Gründer der Online-Initiative „Fit für Usability" des Fraunhofer Instituts für Angewandte Informationstechnik [35], wendet ein, dass auch hedonistische Aspekte wie Wohlgefallen und Motivation eine Rolle spielen: In ersten Usability Tests fühlten sich Teilnehmer bei „einer solchen Gestaltung bevormundet". Seine Forderung: Keinesfalls dürften Computernutzer als „alt" abgestempelt werden. „Designlösungen sollten diesen Aspekt berücksichtigen." [36]

32 Auch wenn Usabilty längst Einzug in die Produktwelt und verschiedene Firmen gehalten hat. Die Microsoft Corporation etwa unterhält eine der größten Accessibility-Arbeitsgruppen weltweit und erhielt dafür bereits im Jahre 2000 eine wichtige Auszeichnung: „The accessibility group within Microsoft has grown to be the largest group of its size in any company in the world. This group has made Windows 2.0 accessible for people with impaired hearing and dexterity; created an Access Pack for Microsoft Windows, an add on package that includes features to enhance operating the keyboard and the mouse; improved Access Facilities for Windows 3.0 and 3.1; added closed captioning and audio description technology to make all of its multimedia products accessible to the deaf, hard of hearing and blind users." http://www.disabilityworld.org/June-July2000/access/Awards.html

33 Das Fraunhofer-Institut für Angewandte Informationstechnik bietet Tipps, die sich an den entsprechenden Normen orientieren und etwa Informationsdarstellung, Benutzerführung, Dialogführung mittels Menü sowie mittels direkter Manipulation umfassen. http://www.fit-fuer-usability.de/tipps/software/information/02

34 Empfehlungen für die Gestaltung von Websites für Senioren: www.nlm.nih.gov/pubs/checklist.pdf

35 „Fit für Usability" ist die Online-Initiative des Fraunhofer Instituts für Angewandte Informationstechnik: http://www.fit-fuer-usability.de

36 Gespräch mit Marc Hümmer.

37 Mitchell, William J.: *City of Bits. Leben in der Stadt des 21. Jahrhunderts.* Aus dem Amerikanischen von Gabriele Herbst. Birkhäuser, Basel, 1996.

38 Bill Moggridges Standardwerk *Designing Interactions* beleuchtet Geschichte, Entwicklung und Möglichkeiten von Eingabegeräten und Benutzungsoberflächen: MIT Press, Cambridge, MA, 2007.

Wohin entwickeln sich also interaktive Systeme — speziell Benutzungsoberflächen? Werfen wir dazu einen Blick zurück. Im Herbst 1969 arbeitete ein junger Assistent an der UCLA neben einem Großrechner, der am hintersten Ende des Korridors schließlich eine kleine Schnittstelle implantiert bekam, den ersten Knoten des ARPANET. Der Student hieß William J. Mitchell und wurde später Professor für Architektur und Medienwissenschaften. Mitchell beschrieb später den Urknall des heutigen Digitaluniversums, als der Großvater unseres heutigen Internets seine Arbeit aufnahm. Sein Klassiker *City of Bits* [37] zieht Konsequenzen daraus. Er überträgt nicht einfach Ideen und Vorstellungen konventioneller Stadtplanung und Architektur auf die sich formierende digitale Welt, sondern justiert unser Sensorium neu für die Möglichkeiten und Grenzen vernetzten Lebens. Viel hat sich getan, seit das Original 1995 erschien. Aber Mitchells Prognosen trafen zu. Bürger wurden zu Netzwesen, die sich heute in Web-Gemeinden wie MySpace organisieren, über 60 Millionen Surfer, Zeitgenossen, Freunde. Die Stadt als Metapher für Gemeinschaft hat sich mit SecondLife endgültig ins Internet gerettet. Aus 3D wird 2D, eine Flachwelt mit Zugang in die letzten Winkel der menschlichen Psyche, die wir noch immer mit den Standardwerkzeugen der Computerindustrie bedienen: Tastatur und Maus. [38] Ihre Erfolgsgeschichte ist offenbar noch nicht beendet, aber die Computerindustrie probt bereits neue (Eingabe-)Medien und Interaktionen. Warum nicht einen Rechner per Spracheingabe bedienen, wenn man keine Lust auf Tastaturen hat, oder einfach am Bildschirm, mit dem Finger im Menü? Eines ist jedenfalls sicher: Die Nerds und Computer-Enthusiasten der ersten Generation werden mehr und mehr von Alltagsmenschen überholt, die einen Rechner bedienen wollen wie früher den Fernseher: einschalten, Programm wählen, entspannen.

Neue Benutzungsoberflächen, neue Interaktionen

Was nützt der beste Computer, wenn man nach dem Update des Betriebssystems vor einer völlig neuen, womöglich völlig unübersichtlichen Benutzungsoberfläche sitzt? Oder ein schicker, mattschwarz glänzender MP3-Player, der mühelos ganze Schränke von CDs aufnimmt, wenn lediglich ein winziges Display vorhanden ist, auf dem die Titel kaum zu erkennen sind? Oder ein Menübaum, der allerlei Funktionen verspricht, schließlich aber keinerlei Bedienungskomfort bietet? „Handy-ERGO", eine Studie der Fachhochschule Gelsenkirchen von 2004 liefert niederschmetternde Ergebnisse für Informationsdesigner und Ingenieure. „Ein Desaster", urteilten die Forscher. Selbst Teilnehmer, „die sich selbst als Experten einschätzen, haben eine hohe Fehlerquote von 23 Prozent. Anfänger haben die Aufgabe sogar zu 79 Prozent nicht lösen können." Von 1200 Testpersonen scheiterten rund ein Viertel beim Versuch, auf zwei Mobiltelefonen eine SMS zu schreiben. Das Fazit vorweg: „Elementare Forderungen der Software-Ergonomie wie Aufgabenangemessenheit, Erwartungskonformität und Selbsterklärungsfähigkeit werden von aktuellen Handys nicht gut erfüllt." [39]

39 Dahm, Markus; Felken, Christian; Klein-Bösing, Marc; Rompel, Gert; Stroick, Roman: „Handy ERGO. Breite Untersuchung über die Gebrauchstauglichkeit von Handys." In: Keil-Slawik, Reinhard; Selke, Harald; Szwillus, Gerd (Hrsg.): *Mensch & Computer 2004. Allgegenwärtige Interaktion.* Oldenbourg Verlag, München, 2004, S. 75—84; zitiert nach: http://mc.informatik.uni-hamburg.de/konferenzbaende/mc2004/mc2004_08_dahm_etal.pdf

40 Laut dpa-Feature, zitiert in http://www.nordbayern.de/dpa_art2.asp?art=779716&kat=8091&man=7

Die Studie differenzierte nach Altersgruppen und kam zu dem Schluss, dass die menschliche Anpassungsfähigkeit an neue Modelle schon ab 31 Jahren fällt. Die Erfolgsrate sinke auf 57 Prozent und ab 50 Jahren auf 37 Prozent ab. Psychologie-Professor Hartmut Wandke von der Humboldt-Universität in Berlin sagt generell: „Besonders Senioren fühlen sich von modernen Geräten wie Handys oft überfordert". [40] Beileibe nicht nur Silver Surfer schalten ab, wenn sie Geräte einschalten müssten — Unzufriedenheit durch alle Altersgruppen. Von selbsterklärenden, womöglich intuitiv bedienbaren Geräten, sind wir noch Meilen entfernt. Dafür müssten zuvorderst die Bezeichnungen vereinheitlich werden und Standards auch jenseits verpflichtender Normen gelten. Die Vertreter der Hochschule jedenfalls fordern dazu auf, Sonderwege zu verlassen, und sie fordern „Konsistenz und Erwartungskonformität vor allem über Herstellergrenzen hinweg".

Apple iPhone
Mobiltelefon von Apple

Die revolutionäre Oberfläche erlaubt neue,
intuitive Interaktionen zwischen Nutzer
und Welt. Das Prinzip Vereinfachung wurde
radikal weitergeführt und zum Modell aller
Mitbewerber.

Neue Benutzungsoberflächen braucht das Land, neue Formen von Interaktion, und es trifft sich gut, dass die Großen der Branche — Apple und Microsoft — gerade an eben diesen Möglichkeiten arbeiten. Wer die Warteschlangen und teils hysterischen Reaktionen auf die Markteinführung von **Apples iPhone** verfolgt hat, erkennt vor allem eines: die unerfüllten Wünsche vieler Menschen, endlich ein ebenso elegantes wie einfaches Gerät zu besitzen, das sie zugleich als PDA, Videoabspielgerät oder schlicht als Handy nutzen können.

Zumindest in ästhetischer Hinsicht sichert sich Apple den gewohnten Vorsprung, ob tatsächlich alle Nutzer mit dem Finger auf den Menüs glücklich werden, steht noch in den Sternen. Die Idee jedenfalls ist bestechend. Warum nicht unser primäres Zeigemittel, den Finger, aktivieren? Kontextgesteuerte Menüs passen sich der menschlichen Physiognomie an, es ist nicht mehr der Computer, der seine Nutzer deformiert.

41 Die Konsole und ihr Auftritt im Netz: http://de.wii.com/software/02/

Dass ausgerechnet eine Spiel-Konsole zeigt, in welche Richtung interaktive Bedienung geht, klingt wie ein Witz: intuitive Eingabe, sofortiges Feedback, kein Zappeln mehr an Maus und Joystick, keine Eingabe Dutzender Tastaturkombinationen oder lange Einweisung. Reale Bewegung setzt Wii Sports um in virtuelle. [41] Die schlanke, an eine klassische TV-Fernbedienung erinnernde Konsole mutiert im Spiel zum Tennisschläger, zur Bowlingkugel, zum Boxhandschuh, Baseball- und Golfschläger. „Das sollten Videospiele sein: Ein Spaß für alle!", reklamiert Nintendo für sich. Der Spiele-Hersteller hat nicht nur den Nerv von Daddlern getroffen, die es nicht mehr im Sessel hält, er überschreitet offenbar auch die fest gefügten Spieler-Generationen.

Diverse Hersteller stoßen die Tore auf für neue Interaktionen. Warum nicht Bildschirm-Fenster vergrößern, indem man Daumen und Zeigefinger auseinander bewegt, wie es Apple vormacht? Warum nicht dem Menschen tätige Kontrolle zurückgeben über Dinge, die sein Leben bestimmen, ohne ihn an limitierende Eingabe-Geräte und Benutzungsoberflächen zu zwingen? Die Zukunft der (Unterhaltungs-)Elektronik muss viel einfacher werden, wollen wir in einer zunehmend komplexen Welt bestehen.

Zeigen, greifen, bewegen — diese ursprünglichsten aller menschlichen Tätigkeiten, das hat auch Microsoft mit seinem **Touchscreen Surface** wiederentdeckt — werden in Zukunft immer wichtiger. Finger und Hand sind die besten, da natürlichsten Eingabegeräte. Ein universaler

Roomware
Interaktive Raumelemente des Darmstädter Fraunhofer-Instituts IPSI

Bereits im Oktober 1999 zeigten die Entwickler, was Interaktion im Büro der Zukunft bedeutet: vernetzte, intuitive Bedienung von Programmen auf verschiedenen Arbeitsplätzen und Ausgabemedien.

Touchscreen Surface
Tischmonitor von Microsoft

Die Zeiten konventioneller Desktops gehen zu Ende. Bilder und Daten lassen sich per Handbewegung öffnen und neu zusammenstellen. Der Computer wird zum Gebrauchsmöbel im Raum.

Tischmonitor, auf dem ganze Gruppen von Nutzern interaktiv surfen, chatten und Informationen austauschen. Ohne Maus und Monitor, gesteuert einfach mit den Händen. Der nächste Schritt der Informationsverarbeitung, die plötzlich mittels Menüs und Rollbalken zu etwas Selbstverständlichem werden, zu etwas Begreifbarem, wie es vor der Einführung des Computers schon war. Bereits im Oktober 1999 stellte das Darmstädter Fraunhofer-Institut IPSI ein ganz ähnliches Konzept vor, den „FOD_ InteracTable®", der Tisch und Monitor kombinierte. Norbert Streitz, Leiter des Forschungsbereichs „AMBIENTE — Arbeitswelten der Zukunft", [42] hat sich seit Jahrzehnten mit Benutzungsoberflächen auseinandergesetzt. Er spricht gerne von einer mehrstufigen Benutzerpyramide: schneller Einstieg für alle, gefolgt von der Möglichkeit, die Umgebung zu optimieren und zu personalisieren. Als Krönung des Expertenmodus für die erfahrenen Benutzer. Seine Arbeit schlug sich in einer

[42] Streitz, Norbert A.; Tandler, Peter; Müller-Tomfelde, Christian; Konomi, Shin'ichi: „Roomware. Towards the Next Generation of Human-Computer Interaction based on an Integrated Design of Real and Virtual Worlds." In: Carroll, J. (Hrsg.): *Human-Computer Interaction in the New Millennium*, Addison-Wesley, London, 2001, S. 553—578.

Reihe von Innovationen nieder, der sogenannten **Roomware**®, der Verbindung aus Raum und Computerintelligenz. Benutzungsoberflächen sind nicht mehr als standardisierte Peripherie des Zentralrechners gruppiert, sie sind in die Dinge des Lebens integriert: in Stühle — „CommChair®s" und Stehpulte (ConnecTables®), interaktive Informationswände (DynaWall®). Diese bauen Verbindungen untereinander auf und zeigen Informationen auf verschiedenen Monitoren synchron an, die dann gleichzeitig bearbeitet werden können. Neben der Hardware spielen spezielle Programme eine zentrale Rolle. Sie eröffnen verschiedene Interaktionsmöglichkeiten, etwa über Gesten digitale Objekte hin und her zu werfen, teils mit entsprechendem Sound unterstützt, der über die Wand mitläuft. Digitale Objekte lassen sich über sogenannte „Passenger" von einem Ort, beispielsweise der DynaWall, zu anderen Roomware-Komponenten „tragen". Die Software bietet zudem die Möglichkeit zur synchronen und interaktiven Zusammenarbeit mehrerer Personen auf verschiedenen Roomware-Komponenten.

Die Zukunft kann kommen und mit ihr eine Anzahl neuer Verbindungen von Hard- und Software, die eines bewerkstelligen: dem Nutzer zu dienen, weil Intelligenz in den Dingen steckt.

Leitsysteme — Leidsysteme: Schriften und Zeichen im Zeichen universeller Nutzung

Sie kleben überall. In Abflughallen, Bahnhöfen oder Businesslounges haben Piktogramme das Sagen. Strichmännchen und Rockfrauen weisen den Weg zur Toilette, durchgestrichene Zigaretten markieren Nichtraucherzonen, Zickzacklinien zeigen: Da geht's zur Treppe. Keine internationale Großveranstaltung ohne einen dazugehörigen Informationsschwall. Keine Rolltreppe, kein Taxistand, kein Terminal kommt mehr ohne Zeichensprache aus. Willkommen in der Globalkultur. Wir sind international, multikulturell, flexibel und schnell. Alles Wichtige muss sofort verständlich sein. Für alle. Hinweise auf Deutsch, Englisch und Französisch reichen nicht mehr. Piktogramme sind die Verkehrszeichen der Völkerverständigung. Und ausgefeilte Leitsysteme, die vor allem eines versuchen: Ruhe in den Blick zu bekommen, wenn wir wieder hektisch nach dem Anschlussflug suchen, das Gate nicht finden oder den Taxistand nicht entdecken können. Denn eigentlich stecken wir mitten im Schilderwald.

Als „Minimalschrift für Analphabeten des hektischen Zeitalters" spotteten Kritiker bereits über Otl Aichers Sportzeichen der Olympischen Spiele von 1972. Sechs Jahre hatte der Doyen des deutschen Grafik-Designs an den Figuren gefeilt. An Sprintern, die im 45-Grad-Winkel losstürmen, Fußballern, die einen Ball als Kopf tragen und Sportschützen, die sich in Schlangenlinie auf den Boden kauern. Auf welchen Boden? Piktogramme funktionieren durch Auslassung. Sie werden besser, das heißt eindeutiger, je weniger zu sehen ist. Solch extreme Stilisierung muss man lesen lernen. Vielleicht ist ihr Kopf deshalb so prominent dargestellt. Die weiße Kugel balanciert oft derart halsbrecherisch auf dem Rumpf, dass es scheint, als hebe der Sportler nur die Arme, um seinen Kugelkopf festzuhalten.

Aicher perfektionierte einen Code, den der Japaner Masaru Katsumie 1964 als Bildzeichensystem der Sportarten entwickelt hatte. Wenige Balken und Striche genügten. Armgelenke im 90-Grad-Winkel abknicken, auf den Oberkörper konzentrieren oder Taille durch Auslassung markieren. Dazu einheitliche Strichstärken und Größen, wie es die Ulmer Hochschule für Gestaltung propagierte. „Genau, dicht, sicher, nicht weiter zu reduzieren, letztmöglich, definitiv", rühmte Bernhard Rübenach das Design. Entsprechend steril fielen die Zeichen aus. Elegant waren die Sportler selbst, die Hinweisschilder mussten nur eines sein: unverkennbar.

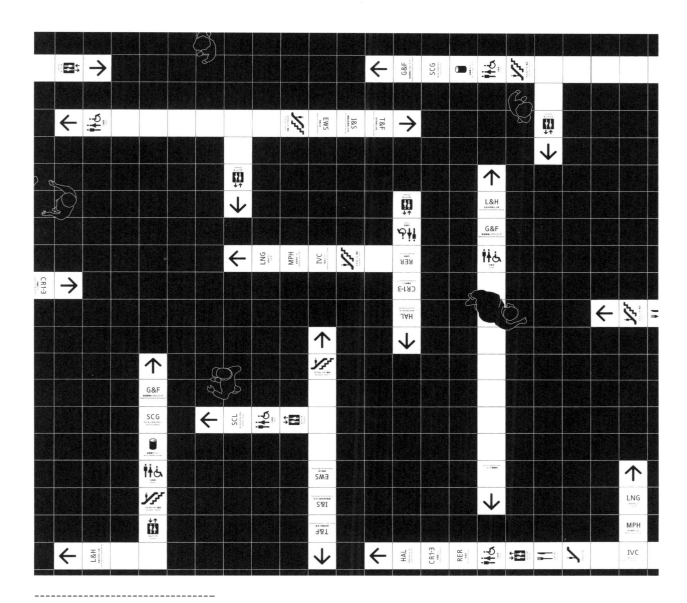

Begehbares
Orientierungssystem

Wissenschaftsmuseum in Tokio
von Hiromura Design Office

Darauf stehen Benutzer. Warum
nicht Informationen direkt in den
Boden einlassen, dort, wo man
sie direkt spürt? Die genoppte
Oberfläche bietet Widerstand und
signalisiert: Achtung, Information.
Betreten erlaubt.

Hilfreiche Wegweiser

Die Gutenberg-Galaxie fürchtet die Konkurrenz des visuellen Stenos. Sind die Dinger eindeutig? Selbst ein banaler Richtungspfeil kann Verwirrung stiften. Zum Beispiel am Salzburger Bahnhof. Wer hier den Intercity Richtung Wien erreichen will und deshalb von Gleis 21 nach Gleis 11 hetzt, kann verzweifeln. Ob der Pfeil nun nach oben, unten oder geradeaus weist, ist beim besten Willen nicht zu erkennen. Leitsysteme versagen bei vertrackter Architektur und mutieren zu Leidsystemen. Informationsdesigner Paul Mijksenaar kann davon ein Lied singen: „Die besten Wegweiser können ein krankes Gebäude nicht heilen", klagt der 61-jährige Niederländer. Der nach seinen Vorgaben beschilderte Amsterdamer Flughafen Schipol jedenfalls gilt als besonders benutzerfreundlich. Mit „eindeutiger Farbkodierung und klaren Piktogrammen" rückte der Gestalter dem Verwirrspiel der Terminals und Abflugplätze zu Leibe. Und das mit System. Liegen etwa Toiletten auf einer anderen Ebene, kombinierte Mijksenaar den Richtungspfeil mit einem Piktogramm für Treppe oder Rolltreppe.

Präzision ist der Schlüssel zu visueller Information, nicht selten aber entscheidet der Kontext, ob sie funktioniert. Fontshop, ein Alphabet-Baukasten für Grafik-Designer und Schriftsetzer, bewirbt seine Piktogramme deshalb zurückhaltend: „Sie können hervorragend komplizierte Botschaften einfach darstellen." Um verstanden zu werden, müssten sie freilich eine eindeutige visuelle Sprache sprechen, innerhalb eines Systems mit der gleichen Syntax arbeiten und formal aus einem Guss bestehen. Das ist Originalton Erik Spiekermann, der vor Jahren schimpfte: „Man kann diese Zeichensprache als krude Verkürzung komplexer Inhalte sehen." Der Star-Typograph stellt klar: „Symbolhafte Abbildungen vertragen sich nicht mit detaillierten technischen Darstellungen. Locker gezeichnete Piktogramme in räumlicher Anordnung sprechen eine andere Sprache als stark vereinfachte Symbole." Offenbar müssen wir noch an einigen Ecken und Enden unserer durch und durch gestalteten Welt arbeiten, bevor Information und Transparenz Hand in Hand gehen.

Holzwege im Schilderwald

Heute stellt sich ein ganz anderes Problem. Immer mehr Zeichen konkurrieren im öffentlichen Raum. Drei Großsysteme ringen um die Vorherrschaft: offizielle Piktogramme, Warenbotschaften und Graffiti. Leider übernehmen die beiden Erstgenannten subversive Strategien der Straßenkunst. Quantität zählt, das sogenannte Bombing, mit dem Flächen einfach zugesprüht, zugeklebt, zugepflastert werden. Hauptsache auffallen. Das Resultat ist verheerend. Viele Schilder sind lediglich schlechte Illustrationen. Sie besitzen keine Verbindlichkeit. Neulich in der Münchner U-Bahn: Zwei Amerikaner wollen zum Zoo und fahren mit dem Finger über den Plan. Aber wo steckt er? Die Verkehrsbetriebe haben sich eine neue Karte ihres Liniennetzes spendiert, eingearbeitet sind graue Skizzen von Touristenmagneten. Da prangen das Stadion, der Tiergarten und das Rathaus auf dem Plan, und weil trotzdem keiner weiß, was gemeint ist, steht das Ziel als Wortmarke darunter. Echte Piktogramme — stark vereinfachte Bildzeichen — müssen nicht sprachlich gedoppelt werden.

Vor allem Verbote lassen sich wunderbar darstellen. Ein Bild sagt mehr als tausend Neins, haben Verkehrszeichen bewiesen. Aber es bedurfte immerhin fünf internationaler Konventionen zwischen 1909 und 1968, um etwas Einheitlichkeit durchzusetzen. Verkehrszeichen strahlen seither ins Grafikdesign. Die durchgestrichene Zigarette hat Karriere gemacht. Sie ist in tausend Varianten zu finden. Bastelhölzer sind nichts für Kleinkinder, also wird das Baby wie im „eingeschränkten Halteverbot" durchgestrichen. „Früher war noch Zeit zum Lesen", klagt selbst Spiekermann über neue Tafeln, heute würde „statt des ausführlichen Verbotes ein gesichtloses Piktogramm aufgehängt mit der sehr einfachen Botschaft: Kinder verboten!"

Kein Wunder, dass die Globalisierung Piktogramme liebt. Zeit ist Geld. Besonders Amerika tat sich auf dem Gebiet der Standardisierung hervor. Das 1914 gegründete **AIGA** (American Institute of Graphic Arts) bietet heute 50 Zeichen zum kostenlosen und gemeinfreien Download an. Die ersten 34 wurden 1974 veröffentlicht und erhielten gleich einen der ersten „Presidential Design Awards"; 16 weitere kamen 1979 hinzu. Heute zieren Kleiderhaken (Garderobe), Telefonhörer (Telefonzelle) und Scheine (Geldwechsel) ganz Amerika, von der Immigrationsbehörde bis zum letzten Restaurant in Idaho. Die Zeichen wurden für die „Kreuzungen des modernen Lebens entworfen", sagt das AIGA, „für Flughäfen und andere Verkehrsdrehscheiben sowie für große internationale

Veranstaltungen." Was aber ist der Sinn dieser Leitsysteme? Sie seien ein Beispiel dafür, wie „öffentlichkeitsorientierte Designer ein universelles Kommunikationsbedürfnis" angingen. Es geht nicht um Zeichensysteme für Zugereiste und Globetrotter, es geht um Bedürfnisse. Und manchmal muss es eben sehr schnell gehen. Wo ist der Defibrilator? Das Herzzeichen springt sofort ins Auge. Gutes Grafik-Design kann Leben retten.

Piktogramme sind Teil des Alltags und nicht das Ende der Schriftkultur. Was würden dazu wohl eine Milliarde Chinesen sagen? Dass unser Alphabet selbst aus abstrahierten Bildzeichen besteht, ist nicht zu übersehen. Das A war in seiner ursprünglichen Form — auf dem Kopf stehend — Zeichen des Rindes. Der gehörnte Stierkopf stand für das ganze Vieh, phönizisch: Aleph. Aus dem Ideogramm wurde irgendwann ein einfacher Buchstabe. Nun geht es andersrum. Das Rindvieh steht als Warnbild neben der Straße. Die neue Einfachheit einer globalen Gesellschaft müssen wir nicht lieben, lesen lernen aber doch. Denn Piktogramme stehen nicht allein. Erst zusammen mit gut gestalteten Schriften und wohl platzierten Informationen bilden sie einen visuellen Kompass im Dickicht unserer modernen Infrastruktur, die Universalien braucht.

Piktogramme

Zum Herunterladen von AIGA:
http://www.aiga.org/content.cfm/
symbol-signs

Leitsystem
Flughafen München
von Wangler/Abele

Informationen bündeln und eindeutig darstellen. Das ist eine Ebene moderner Leitsysteme. Ihre Einbindung in den Raum eine andere, ihre universelle Nutzbarkeit eine dritte. All das verbindet das vielfach prämierte Leitsystem am Flughafen München.

DIE ZUKUNFT WIRD EINE HERAUSFORDERUNG/INTERVIEW

Die Gestalter Ursula Wangler und Frank Abele
über Leitsysteme im Zeichen universeller Nutzung

OH   **Wir leben in einer durch und durch gestalteten Welt. Informationen überlagern sich, stehen in Konkurrenz zueinander. Wie sehen Sie das als professionelle Augenmenschen? Und was nimmt ein ganz normaler Mensch wahr?**

FA   Es gibt Relevanzstrukturen. Ein Architekt beispielsweise konzentriert sich auf die gebaute Umwelt. Je nach Beruf, Herkunft und Wohnort fällt die Wahrnehmung verschieden aus. Wenn wir gestalten, müssen wir differenzieren: Was ist für welche Zielgruppe sinnvoll und welche Wahrnehmungsstruktur hat die Zielgruppe?

UW   Wahrnehmung hängt stark vom Kontext ab. Ein Beispiel: Wir sind auf Reisen und müssen viermal umsteigen. Hinterher haben wir keine Vorstellung von der Architektur, wir wissen nicht mal, wie die Beschilderung aussah, wir wissen nur, dass es geklappt hat. Wir sind angekommen. Insbesondere unter Zeitdruck sind viele Menschen nicht in der Lage, Inhalte in Entscheidungen umzusetzen.

OH   **Können Sie das an einem Beispiel verdeutlichen?**

UW   Ein Krankenhaus, großes Schild: Ausgang links. Plötzlich kommt eine Dame zu einer Gruppe Ärzte und fragt, wo denn nun der Ausgang sei. Der Chefarzt weist nach oben. Dort steht groß: Ausgang links. Es war nachzuvollziehen, dass sie alles gelesen hatte. Trotzdem war sie im Moment überfordert. Es braucht eben eine Grundbereitschaft, die angebotenen Informationen auch aufzunehmen.

FA   Es gibt unterschiedliche Präferenzen. Jugendliche nutzen interaktive Kommunikationsmittel, während Ältere nicht damit umgehen können: Sie orientieren sich an der Architektur oder sprechen ganz direkt Menschen an. Andere lesen Lagepläne. Unterschiedliche Wahrnehmungsstrukturen bedingen unterschiedliche Arten der Vermittlung, die alle gezielt genutzt werden sollten.

UW   Sie sollten auch alle eingesetzt werden, vom klassischen Lageplan bis zum interaktiven Programm.

OH   **Sie schießen gleichsam mit der Schrotflinte, wenn keine einheitliche Zielgruppe mehr erkennbar ist. Wie funktioniert ein Leitsystem für alle, etwa an einem Flughafen?**

UW   Die wichtigste Information ist die nach dem Ziel: Wohin muss ich? Zu Terminal eins oder zu Terminal zwei? Diese Information muss vorher durch ein Printprodukt gegeben werden, eine Karte oder ein Ticket. Diese Information hilft, eine Entscheidung zu treffen. Danach kann man vom GPS bis zum Lageplan alle Medien nutzen oder sich durchfragen. Es wird nie auf die persönliche Information verzichtet werden können, die in der Lage ist, Aggression und Unsicherheit abzubauen.

FA   Orte müssen gekennzeichnet werden. Es reicht heute nicht mehr, einen Fahrstuhl mit der Information aller Ebenen zu versehen. Sobald die Türen aufgehen, muss die Information dazukommen, wo man sich befindet.

UW   Unser Erinnerungsvermögen hat Grenzen. Wir brauchen ständig Bestätigung.

Was ist das, ein gutes Leitsystem?

OH   **Ein gutes Leitsystem ist also redundant. Wie redundant muss es an einem Flughafen sein?**

UW   Sehr redundant. Und es muss so aufgebaut sein, dass die Zielmenge, die Angabe aller Ziele, so klein wie möglich ist.

Das Leitsystem im Flughafen München ist ein Schlüssel für alle, die sich zwischen den Gates zurechtfinden müssen.

OH	**Zum Beispiel?**
UW	Erst müssen Leitsysteme zu den Gates führen, dann zu den Gates H—J, dann zu den Nummern 1—24 und 25—48. Erst dort geht es zum einzelnen Gate.
FA	Ebenso muss es erst zum Ausgang führen, nicht zum Taxi, Bus oder Mietwagen. Man kann sich gar nicht so viel merken und umgekehrt können wir gar nicht so viel darstellen. Davon ausgenommen sind die Hauptziele, die immer wieder auftauchen. So funktioniert Redundanz.
OH	**Gibt es eine Hierarchie zwischen Schrift und Farbe?**
FA	Sprache steht im Vordergrund, sie ist rational ...
UW	Farbe bietet Unterstützung. Dabei kommt es nicht auf die Farbe an sich an, sondern auf den Kontrast.
FA	Ein zu großer Kontrast ist aus unserer Sicht problematisch.
OH	**Sie nehmen also die Leute an die Hand und bieten Entscheidungshilfen. Nun gibt es auf Flughäfen immer mehr Verkaufsflächen, die Passagiere notgedrungen passieren müssen. Kollidiert das nicht mit dem Anspruch auf Transparenz des Leitsystems? Hier kann ich keine Entscheidung treffen. Ich muss durch, ob ich will oder nicht.**
UW	Für uns steht die Information nach wie vor im Vordergrund. Zugleich haben wir Konzepte entwickelt, in denen der Informationsfluss tatsächlich gestoppt wird. Man erhält die Mitteilung, wann man am Gate sein muss, und wie viel Zeit ich benötige, dorthin zu gelangen. Das System zielt nicht mehr darauf ab, möglichst schnell zum Gate zu leiten, sondern bietet eine dynamische Information, wie weit das Gate noch entfernt ist.
OH	**Habe ich noch eine Viertelstunde Weg vor mir, gehe ich gleich zum Gate, bei drei Minuten Weg kann ich noch etwas einkaufen?**
UW	Auch das ist eine Entscheidungshilfe.

FA   Es kommt immer auf den Ort an. Im Museum will ich verweilen, am Flughafen eher nicht.

3D gegen 2D? Architektur und Schrift

OH   **Wie stehen Architektur und Leitsystem zueinander? Am besten, sagten Sie, ist ein Leitsystem, wenn es nicht gegen die Architektur arbeiten muss.**

UW   Ein Leitsystem muss immer in der Architektur selbst verankert sein, auch jedes interaktive System. Am besten ist es, wenn wir parallel mit dem Architekten planen.

OH   **Wie oft kommt das vor?**

UW   Bei uns relativ häufig, weil wir viele neue Projekte betreuen.

FA   Wir verstehen unsere Arbeit nicht als Selbstdarstellung, wir arbeiten als Dienstleister der Architektur.

OH   **Sie gehen also auf den spezifischen Ort ein, auf seine Besonderheiten. Widerspricht das nicht Forderungen nach universellen Leitsystemen?**

UW   Das glaube ich nicht. Universelle Leitsysteme finden sich nicht einmal im Internet, wo sie am einfachsten zu implantieren wären. Wir leben in Europa, wir haben eine Tradition des Individuums, der Regionen und verschiedener Kulturen. Sonst gäbe es keine Begründung für neue Architektur. Es gibt bereits optimierte Krankenhäuser, trotzdem schreiben wir immer neue Wettbewerbe aus.

OH   **Sie gestalten also europäisch. Können Sie sich das bei einem Flughafen leisten?**

UW   Individualität bietet auch Orientierung. Man weiß, dass man zum Beispiel in München angekommen ist. Der Flughafen hat eine hohe Qualität. Hier herrscht eine Atmosphäre, die der Orientierung entgegenkommt, sehr hell und leise. Hotelketten zeigen oft das Gegenteil. Man weiß nicht mehr, wo man ist. Individualität im Gestaltungskonzept ist wichtig, zugeschnitten auf den Ort, das Unternehmen, die Zielgruppe.

OH	**Das Universelle tritt zurück und der Ort wird wichtiger?**
UW	Das Universelle ist wichtig bei Piktogrammen. Aber selbst da gibt es kulturelle Unterschiede.
FA	Orientierungssysteme sind dauerhaft. Sie sind Teil der Architektur und können es sich nicht leisten, nur modisch zu sein. Sie sollen unabhängig sein und Inhalte transportieren. Der Inhalt bildet die Brücke, den Zugang.
UW	Ganz zeitlos werden sie nie sein. Einer guten Gestaltung sieht man immer an, aus welcher Zeit sie kommt. Heute machen wir manches anders.

Die Zukunft wird spannend

OH	**Meinen Sie: Besser gestalten? Ist Erfahrung ein Wert bei Leitsystemen?**
UW	Erfahrung ist ein Wert, aber ich meinte: Das Umfeld hat sich geändert, die Techniken. Und die Informationen, die zur Verfügung stehen. Sie brauchen heute keine Adressbücher mehr, diese Informationen sind im Internet viel besser aufgehoben. Viele Medien parallel zu nutzen, bietet die Chance, gezielt zu informieren.
OH	**Es gibt neue Tendenzen, dem individuellen Nutzer auf ihn abgestimmte, spezifische Informationen zu bieten. Wie geht das?**
FA	Im Krankenhaus erkennt der Computer etwa, wer vor dem Monitor steht. Pflegepersonal, Arzt und Besucher sehen jeweils andere Inhalte. Idealerweise erscheint nur die Information, die gebraucht wird. Andererseits droht der Überblick verloren zu gehen.
OH	**Schließen wir den Bogen: Wie muss sich die Gestaltung verändern, wenn unsere Gesellschaft immer älter wird? Ist es damit getan, dass die Schriften größer werden?**
UW	Das ist zwangsläufig. Niemand wird etwas lesen, was ihm Mühe macht. Jede Generation hat im Hinblick auf Informationsgewinnung eine Prägung erhalten und wird diese Werte ins Alter mitnehmen.

OH	HiFi steht dann gegen WiFi, Wireless Fidelity?
UW	Zum Beispiel.

FA Die Unterschiede zwischen den Generationen werden sich nivellieren. Lebensstile und Wahrnehmungsstrukturen werden sich immer weiter öffnen.

OH **Das heißt, die Zielgruppe wird diffuser. Bedeutet das, dass auch die Gestaltung schwieriger wird?**

FA Ja.

UW Auf jeden Fall, es wird schwieriger. Das wird durch ein Bildungsgefälle verstärkt: Es dürfte große Unterschiede geben. Menschen, die weder das klare Analoge noch interaktive Information verstehen. Dann wird Gestaltung eine Herausforderung und im Schnitt womöglich abfallen gegenüber unseren heutigen Standards.

OHR

Surround Sound Eyewear
„Hörbrille" von Industrial Facility

Besser hören in seiner schönsten
Form: unsichtbar.

DER ANFANG DES RECHTEN LEBENS IST DAS RECHTE HÖREN.

PLUTARCH

Ohr

Es mag nicht unser zentrales Sinnesorgan sein, und doch könnten wir nicht ohne. Hören heißt auch sprechen, heißt im Dialog stehen mit der Gemeinschaft, die sich auf Austausch stützt. Wer zu dieser Kommunikation nicht in der Lage ist, wird ausgegrenzt und fühlt sich an den Rand gedrängt. Jeder, der auch nur kurzfristig Probleme mit dem Gehör hatte, kann das bestätigen.

Ein Bild sagt angeblich mehr als tausend Worte, aber ein einziges Wort reicht, um Menschen verzweifeln zu lassen oder ihnen vollständiges Glück zu geben. In den letzten Jahren haben Hörgeräte durch Mikroelektronik, neue Sensorik und anpassungsfähige Software wahre Quantensprünge vollzogen in Sachen Komfort und Ästhetik. Sie sind nicht mehr stigmatisierende Geräte und Zeichen des Defizits, sondern High-Tech-Miniaturen, die sich der Umgebung und ihren Trägern anpassen. Dennoch werden sie hier nur am Rande vorkommen, als Kombigerät. Der Grund ist einfach. So genial sie auch sind, sie bleiben nur für eine spezielle Zielgruppe interessant. Wer das Ohr am Puls der Zeit hat, wird allgemeinere Lösungen fordern, Universal Design eben, das sich aus der Nische der Spezialanwendung und des Defizits befreit hat und Türen öffnet für alle.

Modernes Crossover: die Brille, die gut hört

Eine Brille, die gut hört? Klingt wie ein Spielzeug von Q, für James Bond, und ist doch Realität. Auch wenn heutige Hörgeräte technische wie ästhetische Quantensprünge vollzogen haben, bleibt ihnen ein Rest von Handicap, ein Hauch von Beeinträchtigung, von mehr oder weniger sichtbarer Defizitkompensation. Niemandem käme dagegen in den Sinn, Brillen als Zeichen von Seh-Schwäche zu sehen, zu sehr sind die Gestelle Teile der Alltagswelt, der Mode, des flüchtigen Life-Styles und der Inszenierung des Augenblicks. Vielleicht war das der entscheidende Antrieb für Sam Hecht und Kim Colin, dem Hörgerät das letzte Stigma abzustreifen und es unsichtbar in die Brille zu integrieren. Damit nicht genug. Das lange Zeit problematische Verhältnis von Gestaltern zu Multifunktionsgeräten [43] verspricht **Surround Sound Eyewear** von Industrial Facility

43 Das Statement der Designer lässt an Klarheit nichts zu wünschen übrig: „Hearing glasses have existed before. They disappeared primarily because of the combination of two functions that were articulated in an awkward, incohesive and problematic manner. Instead, ‚Surround Sound Eyewear' attempts to create a more holistic object not intended to hide the hearing aid, but to incorporate it gracefully."

Surround Sound Eyewear
Brille mit integriertem Hörgerät
von Industrial Facility

Dreidimensionales Gehör,
versteckt in einer Brille. Die britischen Designer Sam Hecht und
Kim Colin machen es möglich —
Innovationen in Zusammenarbeit
mit dem Londoner Royal National
Institute for the Deaf (RNID).

nachhaltig zu entspannen, indem es Mehrwert bietet. Die Hörbrille entstand 2005 für das Londoner Royal National Institute for the Deaf
(RNID). Sam Hecht und Kim Colin konzentrierten sich nicht nur auf sozialästhetische Aspekte, sie katapultierten die
Hörleistung in neue Dimensionen, indem sie
auf jeder Seite vier Mikrophone platzierten.
Dabei orientierten sie sich an der Forschung
von Professor Marinus Boone an der Universität Delft. „Ergebnis war",
schreiben die Gestalter von Industrial Facility, „eine Art dreidimensionales,
übermenschliches Gehör, ähnlich wie es manche Tiere besitzen — etwa
Kojoten." [44] Besser hören in seiner schönsten Form: unsichtbar. Was
gäbe es da noch an Wünschen für das sekundäre Informationsorgan des
Menschen?

44 Im englischen Original: „The result
is a type of 3 dimensional superhuman
hearing similar to that found in certain
animals such as coyotes."

Größe allein zählt nicht: Handys auf dem Weg zum
ergonomischen Produkt
Kaum ein anderes technisches Gerät besitzt solche Akzeptanz und
Marktdurchdringung: Rein statistisch verzeichnen Länder wie Italien
oder Deutschland mehr Mobiltelefone als Einwohner. Die Kehrseite des
sagenhaften Erfolgs der Mobiltelefonie ist ebenso schnell erzählt.
Keine technische Erfindung wurde so schnell durchgereicht, degradiert
vom Statussymbol über das praktische Ding zum modischen Accessoire.
Mobiltelefone kauft man heute zur Garderobe, sie sind Artikel mit

eingebautem Verfallsdatum. Kaum in Produktion gegangen, sind ihre technischen Features schon wieder überholt. Wer auch nur annäherungsweise den Wandel des Marktes verfolgt hat — mit seinen mehr als kryptischen Abkürzungen UMTS, Roaming und SMS — weiß, wie schnelllebig seine Produkte sind. Verkaufszahlen lassen sich nicht mehr sofort unter Hinweis auf technische Ausstattungsmerkmale erzielen, sondern eher durch „weiche" Beigaben: Haptik, Ästhetik und Gestalt.

Kaum je spielen Fragen wie Ergonomie oder Handhabung eine Rolle. Kleine Bildschirme, vertrackte Menüs und winzige Tasten gelten eher als chic, als Ausweis gestalterischer Innovation denn als das, was sie zunächst sind: Schwächen im Design, das oft nur als Styling über eine baugleiche Gruppe gezogen wird wie eine Karosserie über die Black Box namens Technik.

Bedienerfreundlichkeit aber dürfte in den nächsten Jahren zum kaufentscheidenden Kriterium werden, wenn sie mit entsprechender Ästhetik gepaart ist. Produkte, die erkennbar einfach gestaltet sind, werden nur dann zu Ladenhütern, wenn sie keine überzeugende technische Ausstattung bieten. Das Phänomen iPod hat bewiesen: Genial einfache Bedienung plus neueste Technik erst garantieren Erfolg. Ein Seniorenhandy darf nicht als solches erkannt werden, es darf seine Träger auch nicht als alt outen, schon gar nicht dem Spott preisgeben. Seniorendesign ist zu schnell diskriminierendes Design, das als Spezialprodukt erkenntlich wird, in kleiner Stückzahl hergestellt und nicht mit den neuesten Komponenten versehen. Wer den Markt nach Geräten für alle Generationen durchforstet, wird zwei grundsätzliche Strategien erkennen: Simplifizierung durch Größe und/oder durch Konzentration auf wenige Bedienungselemente.

- Simplifizierung durch Blow-up heißt: Alles wird größer, Tasten, Menüs und Gehäuse. Auf der Strecke bleibt oft die Ästhetik, während Ergonomie und Handling nicht notwendigerweise besser werden. Aufgeblasene Geräte kommen schnell in die Nachbarschaft von Produkten aus der Reha-Abteilung, die schon von weitem als plump, schwerfällig und hässlich gebrandmarkt sind.

- Simplifizierung durch Reduktion hingegen bedeutet oft: Weglassen, was geht, Reduktionismus greift tief in Nutzergewohnheiten und Standards ein. Das Drei-Tasten-Handy (Ein, Aus, Notruf)

Emporia Voice
Universelles Mobiltelefon

An der Handhabung sollt ihr sie
erkennen: Eine neue Generation
von Mobiltelefonen versucht,
Gespräche mit anderen möglichst
einfach und intuitiv zu gestalten,
ohne den Geräten den Touch des
Alten und Gebrechlichen aufzu-
drücken.

gerät schnell in die gestalterische wie technische Sackgasse der Spezialprodukte.

Beide Verfahren sind problematisch. Einfachheit sollte im Vordergrund stehen, nicht Simplifizierung, Ergonomie sollte den Standard bilden, keine Blow-Up-Version normaler Handys. Offensichtlich kratzen Designer und Ingenieure noch immer an der Oberfläche ergonomischer Geräte, statt Mobiltelefone einer grundlegenden Neukonstruktion zu unterziehen. Was ist daraus zu folgern? Erst Ergonomie und Ästhetik zusammen bilden eine Erfolg versprechende Kombination. Konstantin Grcic umreißt das Spannungsfeld sinnvoller Reduktion im nachfolgenden Interview und verordnet den Designern Intelligenz, genauer: Er fordert intelligente Dinge, welche die Benutzer wirklich intelligenter machen. Genau hier setzt Ergonomie an, bei der Frage, wie eine sinnvolle Reduktion moderner Komplexität

45 *Nutzerfreundliche Produkte. Leicht bedienbar und generationengerecht.* BAGSO, o. J., S. 5. http://www.bagso.de/fileadmin/Aktuell/Brosch_re_Nutzerfreundliche_Produkte.pdf

46 *Nutzerfreundliche Produkte.* S. 5.

aussieht. Bislang liest sich ein kritischer Erfahrungsbericht wie eine Kapitulation vor dem technisch Machbaren und leicht Vermarktbaren. So heißt es in der Empfehlung der **BAGSO** (Bundesarbeitsgemeinschaft der Senioren-Organisationen e. V.): „Lassen Sie sich von Funktionen, die Ihnen im Moment unnötig erscheinen (z. B. Sprachwahl, Kamera, Radio) nicht abschrecken, vielleicht wollen Sie diese später einmal nutzen. Es ist nur wichtig, dass Sie gleich mit der Bedienung der jetzt gewünschten Funktionen gut zurechtkommen." [45] Zugleich lesen sich die Hinweise zur Handhabung wie eine Check-Liste wichtiger Universal-Design-Prinzipien, nicht nur für Mobiltelefone: [46]

·   „Prüfen Sie, ob das Handy gut in der Hand liegt (Form, Material, Gewicht).
·   Achten Sie auf eine logische, übersichtliche Anordnung der Tasten.
·   Alle Tasten sollen hell beleuchtet und groß genug sein, damit sie bequem und zielsicher bedient werden können — mit einem deutlich spürbaren Tastendruck. Hörbare Unterstützung gibt ein Quittierungston (abschaltbar).
·   Bei Dunkelheit oder Seheinschränkung ist eine fühlbare Markierung der Taste ‚5' und eine fühlbare Unterscheidung der Tasten nützlich.

- Beschriftungen und Bildzeichen sollen gut erkennbar und leicht verständlich sein.
- Es erleichtert den Umgang mit dem Handy deutlich, wenn der Anruf auf einfache Art angenommen werden kann, z. B. durch Drücken einer beliebigen Taste (im Menü einstellbar).
- Beim Klapphandy genügt das Öffnen.
- Ein großes Display ist vorteilhaft.
- Die Informationen im Display sollen groß genug, kontrastreich dargestellt und auch bei verschiedenen Lichtverhältnissen erkennbar sein. Praktisch ist es, wenn Vorder- und Hintergrundfarbe einstellbar sind. Das Display darf nicht spiegeln."

Gute Handhabung setzt übersichtliche Darstellung, doppelte Signifizierung beziehungsweise Redundanz bei wichtigen Funktionen (Signal über Ton und Bild), gute Haptik und logische Menüführung voraus. Schon hier scheitern die meisten der mit Funktionen überladenen Geräte der jüngsten Generation. Da lohnt ein Blick auf einen Urahn der Entwicklung, das von npk (federführend: Jos Oberdorf und Hans Antonissen) im Auftrag von Telefoon Totaal 2005 gestaltete **BasicPhone**, das natürlich nicht mit den heutigen Geräten und ihren technischen Möglichkeiten zu vergleichen ist. Die Niederländer setzten auf Reduktion: wenige Funktionen, diese aber gut zu bedienen. Das heißt konkret: ergonomischer Korpus, regelbare Lautsprechfunktion und große Zeichen auf der Tastatur, dafür aber kein SMS. BasicPhone bietet genau das, was der Name verspricht: ein Nottelefon, eine gelungene Gradwanderung zwischen Vereinfachung und Verständigung. Dass noch keine gültigen Lösungen gefunden sind, zeigen zwei Details: Auf der Rückseite kann man wichtige gespeicherte Rufnummern eintragen. Und wer will, kann BasicPhone an einem Band um den Hals hängen und so garantiert nicht verlieren. Hier muss Technik in Zukunft mit weniger Improvisation überzeugen.

Trotz aller Skepsis: Mobiltelefonie entwickelt sich zum Schlüsselfeld moderner Produktentwicklung und generationsübergreifender Forschung. Telekommunikation bietet schließlich eine Schnittstelle modernen Lebens. Nur wer kommuniziert, steht mitten im Leben und kann notfalls auch Hilfe anfordern. Erstmals entsteht ein Markt für ergonomische Produkte. Allein in Deutschland teilt sich ein gutes Dutzend verschiedener Geräte den Markt, schließt man Nottelefone mit ein, sogar mehr. Sie heißen **Secufone, Simplephone, Katharina das Große, Easy2, Emporia**

Mobiltelefone
Ethik und Ästhetik des Telefonierens

Leicht zu bedienen sollen sie sein, mit großem Display und eingängigen Menüs. Und keine aufgeblasenen Normalgeräte. Im Bild: EmporiaLIFE.

Auf dem Weg zum perfekten Handy

Der Markt der sogenannten Seniorentelefone wird enger: Big Easy, EmporiaTIME und Basic Phone zeigen den heutigen Stand von Technik und Design.

und Co. Mehr als einmal beschleicht einen der Gedanke, viel gut Gemeintes vor sich zu haben, nur nichts gut Gestaltetes. Macken zeigen sich bei zu tiefen Menüfolgen, unhandlichen Geräten mit schlechtem Feedback der Tasten und problematischen Schiebemechanismen, bei denen die ältere, große Hand Ober- und Unterklappe schwer mit einem Schwung auseinanderziehen kann.

Letztlich dreht sich die gesamte Entwicklung um eine große Frage, die eben Mobiltelefone so interessant macht: Wie gestaltet man avancierteste Technik sinnvoll? Es geht um mehr als ein großes Display, weniger technischen Schnickschnack oder einen reduzierten Funktionsumfang. Es geht darum, endlich Gestaltung und Ergonomie zu versöhnen.

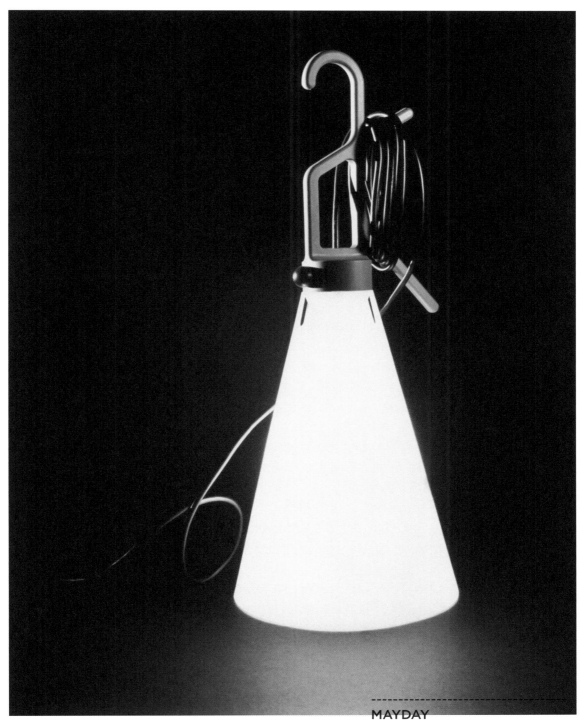

MAYDAY
Leuchte von Konstantin Grcic für Flos

Die Zusatzlampe für jeden: einfach, universell nutzbar und mit dem wohl längsten Kabel der Welt.

Der Designer Konstantin Grcic über erfahrene Gestalter,
langlebige Produkte und die Kunst der Reduktion

OH   **Sie wurden so lange als Jungstar gefeiert, dass Sie dann froh
schienen, als das Label endlich wegfiel. Wie fühlen Sie sich heute,
Anfang 40?**

KG   Ich fühle mich tatsächlich befreit, auch weil das Label nie so richtig
gestimmt hat. Jungstars sind heute zwischen 16 und 24, oft noch
voller Naivität. Ich hatte damals eine akademische Ausbildung
hinter mir und war gar nicht mehr in dieser Altersgruppe. Wie
auch immer: Das hat sich heute erledigt. Ich bin älter geworden,
das Büro ist gewachsen und wir alle haben an Erfahrung gewonnen. Wir arbeiten auf höherem Niveau, wodurch ich viel mehr
Möglichkeiten habe, mehr Erfahrung und Kompetenz. Chair_ONE
hätte ich früher nie machen können ...

OH   **... aufgrund der Technologie, Ihrer nun gewonnenen Erfahrung
oder der Radikalität, die Sie entwickelt haben?**

KG   Alles kommt zusammen. Ich bin den Anfängen entwachsen,
im Moment habe ich das Gefühl, dass das, was wir tun, aus sich
gewachsen und gut ist, und dieses Bewusstsein gibt mir die
Stärke, den eigenen Weg weiterzugehen.

OH   **Sie haben eine ganz besondere Designsprache entwickelt.
Ein Schlüssel scheint Reduktion. Kann das helfen, Dinge für die
Generation 60 plus und 70 plus zu entwickeln?**

KG   Eine schwierige Frage. Die Generation der zukünftigen Alten wird
man gar nicht vergleichen können mit unseren heutigen Alten.
Sie können mit Computern, digitalen Medien und unserer Reiz-
überflutung umgehen, dazu sind sie wahrscheinlich viel fitter und
haben gelernt, sich in regelmäßigen Abständen neu zu erfinden.
Sie werden viel mehr Flexibilität mitbringen.

OH	Sie sprechen von den alten Alten von heute und den jungen Alten von morgen. Sie sprachen auch davon, dass diese Reizüberflutung ausblenden, also reduzieren. Nochmals: Ist das eine Forderung an Design?
KG	Vereinfachung ist ein fundamentales Thema. Das bedeutet aber nicht, den Dingen etwas wegzunehmen. Da bin ich sehr kritisch geworden, vieles an Vereinfachung wird banal und nimmt uns die Beziehung zu den Dingen. Wir suchen immer eine emotionale Beziehung zu Objekten und genau darin liegt die große Aufgabe für uns Designer: den Objekten etwas mitzugeben.

Design soll Nutzer intelligent machen

OH	Also ist Reduktion an sich kein sinnvolles Prinzip?
KG	Es kommt darauf an. Reduktion geht mir dann zu weit, wenn Dinge seelenlos werden. Es geht immer um sinnvolle Unterscheidungen. Wann ist ein Ding einfach, wann komplex? Und was ist ein intelligentes Ding? Etwas, das mich intelligent macht, mir Kontrolle gibt. Viele Knöpfe können einen Nutzer auch degradieren zu jemandem, der nichts mehr versteht. Das gern zitierte Gegenbeispiel ist der iPod, intuitiv zu bedienen, oder das iPhone. Ich war im Sommer in Amerika …

OH	… und haben gleich eins gekauft?
KG	Nein, aber damit gespielt. Die Benutzungsoberfläche ist auf einem hohen Niveau, aber zugleich intuitiv. Das ist die Richtung, in die wir gehen sollten.

OH	Das würden auch Vertreter des Universal Designs propagieren: intuitiv, einfach und redundant. Reizt Sie das?
KG	Durchaus. Was wir tun, ist, Dinge immer wieder zu überprüfen. Intuition ist extrem wichtig. Benutzer sollen sich sofort zurechtfinden. Alte Menschen sind agil und sollten das auch bleiben.

OH	Design soll Benutzer fordern?
KG	Das ist ganz wichtig. Es gibt ja auch 30-Jährige, die bereits abbauen. Vereinfachung im Design darf das nicht unterstützen.

| OH | Sie wollen Design auf den Punkt bringen, ohne es zu simplifizieren. Zudem sind Sie für einen barrierefreien Zugang. |
| KG | Das ist ganz wichtig: Barrieren abzubauen und Menschen sofort zu involvieren und an die Welt heranzuführen. |

| OH | Wäre es eine Herausforderung, ein Telefon für 70-Jährige zu entwickeln, das auch 30-Jährige toll finden? |
| KG | Das wäre in der Tat wertvoll, weil man gewisse Funktionen herausfiltern könnte, die gar nichts mit dem Alter zu tun haben. Ein Freund in Tokio hat sich ein Telefon für alte Menschen gekauft und er ist 30 Jahre alt. Das Telefon sieht nach nichts aus. Er aber fand das Nicht-Design gerade interessant, weil alle anderen Telefone entweder besonders sportlich, organisch oder technisch aussehen. |

Macht es einfacher!

| OH | **Wie sehen das Hersteller? Gibt es da Widerstand gegen das Einfache?** |
| KG | Designer propagieren ständig: Macht es einfacher, das benutzt kein Mensch. Einfache Funktion, zumindest an der Oberfläche. Freaks kommen mit allem zurecht, aber entscheidend ist die Reduktion auf das Einfache. |

| OH | **Warum gelingt das so selten? Geben eigentlich immer Ingenieure den Ton an und packen noch zehn neue Funktionen in die Dinge?** |
| KG | Schuld haben nicht Ingenieure, sondern das Marketing. Die Verkaufssituation ist heute brutal. Da stehen 20 Geräte nebeneinander. Die erste Unterscheidung geschieht über den Preis, danach über die technische Ausstattung. Je mehr Funktionen man für den Preis kaufen kann, desto besser. Für das Design heißt das: Je mehr Knöpfe, desto besser, und das hat den Markt verdorben. Das Übel ist das Marketing, die Verkaufsmanipulation. |

| OH | **Hat Apple dann ein besonders gutes oder ein besonders schlechtes Marketing?** |
| KG | Das ist ein Phänomen. Inzwischen sind Menschen bereit, mehr |

Geld für Qualität zu zahlen. Dass man noch immer so wenig Vergleichbares sieht, zeigt, wie schwer diese Richtung ist. Es ist einfacher, viele Funktionen auf der Oberfläche und eine Lichtorgel zu installieren. Einfachheit ist plötzlich sehr komplex und mit viel Forschung verbunden. Das leistet die Industrie im Moment noch nicht. Alle setzen auf geringes Risiko. Das bedeutet: möglichst kurze Entwicklungszeit, schnelle Produkte, kurze Produktzyklen, in denen man sich hoffentlich seinen Marktanteil erkämpft. Dann steht schon der Nachfolger vor der Tür. Diese Kultur von kurzlebigen Technologieprodukten dürfte sich bald ändern. Ich glaube, dass die technologische Entwicklung in Zukunft nicht mehr so sprunghaft sein wird. Das könnte eine Chance für die Industrie bedeuten, ganz neue Formen zu entwickeln und Dinge, die man länger besitzt.

OH **Langlebige Produkte für eine dann im Schnitt ältere Kundschaft?**
KG Genau das gibt wiederum Sicherheit, wenn man ein Ding kennt und lange benutzt. Darin sehe ich einen interessanten Aspekt, und weshalb sollte das nichts für 30-Jährige sein? Diese Vorstellung stimmt mich hoffnungsfroh für einen Markt, der wahnsinnig ist. Manchmal gibt es ja Produkte, die ausgereift sind, wie das Motorola Razr. Dann ist es wichtig, sie auf dem Markt zu wlassen. Was gibt es Besseres als ein Erfolgsprodukt? Plötzlich kann man sich auf Feinheiten konzentrieren, statt immer nur Neues zu entwickeln.

HAND

Heftpflasterspender
Entwurf von Wolf Jeschonnek

Einfacher geht es nicht mehr:
abreißen und fertig.

DENN DURCH DEN GEBRAUCH VON KEULEN UND FEUERSTEINEN HATTEN IHRE HÄNDE EINE FERTIGKEIT ENTWICKELT, DIE NIRGENDS SONST IM TIERREICH ZU FINDEN WAR UND DIE IHNEN GESTATTETE, IMMER BESSERE WERKZEUGE HERZUSTELLEN, DIE IHRERSEITS IHRE GLIEDER UND HIRNE WEITERENT-WICKELTEN. ES WAR EINE BESCHLEUNIGTE KETTEN-REAKTION, UND AN IHREM ENDE STAND DER MENSCH.

ARTHUR C. CLARKE

100

Hand

Handlich, handgreiflich, begreifbar. Der Wortschatz quillt über vor Huldigungen an unser Greiforgan, mit dem wir die Welt erfassen und in Besitz nehmen. Dass Fingerspitzengefühl wichtig ist, wenn wir etwas benutzen, dass Oberflächeneigenschaften viel über Objekte aussagen und dass oft der richtige Dreh über den Erfolg einer Verpackung entscheidet, haben wir im Laufe des Lebens erfahren müssen. Für Standardfragen gibt es standardisierte Antworten, für Verpackungsprobleme entsprechende Lösungen. Die Welt funktioniert, solange man etwas aufdrehen, ablösen, abschneiden, abziehen, aufbrechen, aufdröseln, auflösen, aufsperren, einreißen, einschalten, entkorken, entsichern, entriegeln oder öffnen kann. War es das schon? Oder gibt es nicht doch noch einfachere, einleuchtendere, eindeutigere Lösungen, Dinge zu benutzen? Unsere Welt mag zwar die beste aller möglichen Welten sein, aber sie ist auch das, was wir aus ihr machen oder herausholen können. Dass die großen Erfindungen der Verpackungsgeschichte teils reine Ingenieurlösungen waren, garantiert ohne Mithilfe von Designern, teils anonyme Großleistungen wie der Kronenkorken oder die Heftklammer, heißt nicht, dass auch Standardlösungen nicht weiter verbessert werden können. In Zukunft müssen Dinge leichter zu bedienen sein. Expertenwissen muss sich in praktische Einfachheit umsetzen lassen, besonders, wenn die Gesellschaft als Ganzes älter wird. Zu allen Veränderungen im Laufe des Lebens kommen auch motorische, die sich ganz individuell ausdrücken: Gelenke sind nicht mehr so beweglich wie früher, der Rumpf lässt sich nicht mehr vollständig drehen, der sogenannte Hüftwinkel verkleinert sich, wir müssen uns festhalten, um die Balance zu halten, und unser taktiles Sensorium lässt nach. Auch hier gilt: Design als vermeintliche Defizitkompensation darf nicht zur Stigmatisierung seiner Benutzer führen, sondern soll ihnen Räume und Aktionsmöglichkeiten erschließen, die ihnen sonst verwehrt oder zumindest erschwert zugänglich wären. Eine Herausforderung an alle Gestalter, Ergonomie und Ästhetik zu verbinden.

Wer Design als Schöpfungsmythos begreift, als titanische Anstrengung menschlicher Demiurgen, die neue Welten schaffen, das große Ganze denken und von der Stadt bis zum Kaffeelöffel hierarchisch alles durchdeklinieren und -organisieren, kann dieses Kapitel getrost überspringen. Hier soll nämlich das Kleine zu Wort kommen, die Verbesserung im Detail, vergleichbar einem Schwimmer, der die Wende eleganter schafft, seine Technik optimiert und so in der Summe einzelner

Optimierungsprozesse zu seinem Erfolg kommt. Dass so aus kleinen Veränderungen ein tief greifender Wandel erwächst, dessen Ergebnisse wenig mit dem Ausgangspunkt gemein haben, stellt sich oft erst im Nachhinein heraus. „Lernen vom Baumarkt" lautet die Devise. Nicht im Sinne einer vordergründigen, oft billigen, da zusammengezimmerten Ästhetik der Addition, sondern als Ansporn, die Menschen selbst zu Gestaltern ihrer Umwelt zu machen, ihre Berührungsängste und Schwellen abzubauen. Unsere Welt fordert handlungsfähige Teilnehmer, die alles im Griff haben. Wenn selbst Dosenöffner zu Riesengeräten mutieren, zu Spezialprodukten einer genau definierten Zielgruppe mit Handicaps, wenn Erkenntnisse der Ergonomie missachtet und Funktion nur als Krücke auftaucht, sind Designer gefragt, den Ingenieurlösungen gutes Aussehen und allgemeine Benutzbarkeit zurückzugeben.

Die Verpackung macht's

Die Verpackung macht die Musik. Kaum ein Produkt, das nicht eingeschweißt, geplistert oder wenigstens mehrfach eingeschlagen ist, um trotz Transport Formkonstanz, Farbe und Geschmack (bei Lebensmitteln) zu erhalten. Kunststoff, Metall, Holz oder biologisch abbaubare Umverpackungen machen den Löwenanteil der Materialien aus. Wie steht es aber um die Handhabbarkeit der einzelnen Produkte und ihrer Verpackungslösungen? Die repräsentative Umfrage bei 350 Konsumenten durch die BAGSO (Bundesarbeitsgemeinschaft der Senioren-Organisationen e. V.) vom Dezember 2003 kommt zu niederschmetternden Ergebnissen. [47] Es steht schlecht um die Qualität der Verpackung: 66,6 Prozent der Befragten klagten darüber, das Haltbarkeitsdatum schlecht lesen zu können, 56,1 Prozent bemerkten, dass die Schrift zu klein oder zu undeutlich sei und weitere 36,2 Prozent kritisierten, dass die Verpackung zu wenig Informationen über den Inhalt biete. Ein nächster Fundamental-Kritikpunkt: 64,4 Prozent der Befragten bemängelten, dass Verpackungen schlecht oder gar nicht zu öffnen seien. Die Frage wurde im Anschluss spezifiziert: Wie oft kommt es vor, dass es Ihnen nicht gelingt, eine Verpackung auf Anhieb zu öffnen? Die Reaktion fiel niederschmetternd aus: Erschreckend hohe 8 Prozent müssen täglich mit den Verpackungen ringen. Insgesamt 92

47 *Beschwerdepool für ältere Verbraucher.* Ergebnisse der Befragung zum Thema Verpackungen; BAGSO, 2003. Zitiert nach: http://www.bagso.de/fileadmin/Verbraucherforum/Verpackungen_01.pdf

Wurstpelle
Verpackung von Gesa Nolte

Lösung eines uralten Problems: Wie portio-
niere ich eine Wurst? Die junge Designerin
entwickelte eine faszinierende Antwort:
einfach abwickeln.

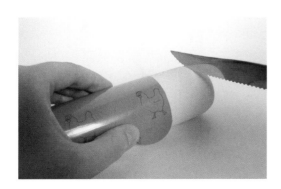

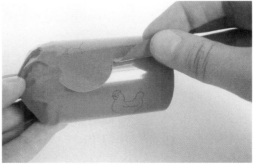

Prozent geben zu, dass sie Probleme haben, 41 Prozent sogar mehrmals die Woche, 27 Prozent immerhin einmal die Woche und 18 Prozent einmal im Monat.

Die Statistik differenziert nach Alter und nach Arten der Verpackung, wobei die Zahlen absolut gesetzt wurden, das heißt für die geringe Zahl von über 80-Jährigen kein Ausgleichsfaktor eingeführt wurde. Über alle Altersgruppen hinweg schlecht abgeschnitten haben eingeschweißte Produkte (73,3 Prozent aller Befragten klagen über Probleme mit Folienverpackung), Milchtüten (39,2 Prozent), Kaffeepackungen (30,7 Prozent), Dosen (28 Prozent), Getränkeflaschen (27,4 Prozent), Marmeladengläser und Verpackungen von Putzmitteln (je 24,3 Prozent), Joghurt und Quark (15,5 Prozent) sowie Arzneimitteln (14,6 Prozent). Alle anderen Produktgruppen wurden summarisch mit 15,8 Prozent bewertet. Konsum — schwer gemacht. Über die Hälfte der Kunden, immerhin 57 Prozent, wechselte die Marke, während 40 Prozent Verpackungen „für bestimmte Lebensmittel, Körperpflegeprodukte und Kosmetika für überflüssig" hielten.

Gesa Nolte, 22-jährige Designstudentin der Hochschule für Bildende Künste in Braunschweig, zog aus diesen niederschmetternden Ergebnissen Konsequenzen für eine praktikable **Wurstverpackung** aus Kunstdarm: Es müsse möglich sein, die Pelle sauber zu entfernen, etwa durch „vorgegebene Einreißmöglichkeiten". Die Umverpackung wiederum sollte auch nach der Öffnung als Verpackung nutzbar bleiben. Die neue Pelle besitzt eine 4,5 Zentimeter lange Kappe, die alle Angaben bietet: Zutaten, Gewicht, Hersteller und Preisauszeichnung. Zur Sicherheit ist das Haltbarkeitsdatum auch auf die Wurstpelle gedruckt. Der Kunstdarm verfügt über eine Reihe je drei Zentimeter breiter Laschen, die einfach abgezogen werden können. Jedes Stück bietet genug Wurst für ein bis zwei belegte Brote. Saubere Schnitte sind möglich. Über die offenen Enden kann man nun wieder die Pappkappe stülpen, die Wurst lagert nun stehend oder liegend im Kühlschrank. Bis zur nächsten Brotzeit.

48 Schmidt-Ruhland, Karin (Hrsg.): *Pack ein — pack aus — pack zu. Neue Verpackungen für Alt und Jung.* Universität der Künste Berlin, 2006.

Noltes Wettbewerbsentwurf erhielt eine Anerkennung im Bundeswettbewerb „Pack ein — pack aus — pack zu. Neue Verpackungen für Alt und Jung". [48] Die Aufgabe lautete schlicht: „Wie können Produktverpackungen aussehen, die die spezifischen Wünsche und Bedürfnisse älterer Menschen berücksichtigen, ohne sich in Gestalt und Funktion auf diese

Dremi

Deckel von Sang Woo Lee

Mithilfe eines Messers lässt sich
der Deckel kinderleicht öffnen.

Quando
Verschluss von Meike Langer

Kunststoffklammer für Gefrierbeutel:
Memohilfe und Packungsverschluss
in einem.

Nutzergruppe zu beschränken?" Universal Design zeigt auch der **Heftpflasterspender** von Wolf Jeschonnek, Student der Kunsthochschule Berlin-Weißensee, der den Wettbewerb 2006 für sich entschied. Wenn es stimmt, dass gutes Design oft auf winzigen Veränderungen beruht, bietet diese Lösung einen ganz besonderen Charme. Die Dinge des Lebens kommen zum Nutzer, klinken sich gleichsam in seine Infrastruktur ein. Heftpflaster sind nicht mehr in der Erste-Hilfe-Kiste weggepackt, sondern dort, wo man sie wirklich braucht: in der Küche, im Bad oder Arbeitszimmer, lässig am Türdrücker geparkt. Die Verpackung ist auf das Minimum reduziert. Mit einer Hand lässt sich das Pflaster abziehen und auf die Wunde kleben — ohne großen Kraftaufwand. Neues kann so einfach sein!

49 *Schmidt-Ruhland, Karin (Hrsg.): Pack ein — pack aus — pack zu. Neue Verpackungen für Alt und Jung.* Universität der Künste Berlin, 2006.

Natali Pilic, Catherina Borowitza, Sang Woo Lee und Meike Langer wollen es wissen. Allesamt Preisträger oder auf der Auswahlliste des obigen Wettbewerbs [49], greifen sie die Verpackungsproblematik auf und behandeln Variationen eines immer neuen Themas: Wie lassen sich die heutige Warenwelt vereinfachen, wie Nahrungsmittel sicher transportieren, abpacken und dosiert benutzen? Es ist kein Zufall, dass dem Hebelprinzip große Bedeutung zukommt. Überdimensionale Schraubverschlüsse setzen Natali Pilic und Catherina Borowitza ein, **Dreiecksverschluss** und **Flügeldeckel** kommen der Hand entgegen und Flaschen lassen sich leichter öffnen. Verbesserte Kraftübertragung macht es möglich. Sang Woo Lee greift zu einem Trick bei seiner Serie von **farbigen Deckeln** mit ihren herausstehenden Griffverstärkern. Wenn gar nichts mehr geht, greifen die Benutzer zum Küchenmesser und führen es unter dem Deckel an einem dafür vorgesehen Schlitz ein. Per Hebel lässt sich auch das widerspenstigste Glas öffnen. Die flotten Studentenarbeiten mit ihren Farbmarkierungen, Griffverstärkungen und ihrer intelligenten Einfachheit machen deutlich, dass beim Thema Verpacken und Verschließen immer noch große Defizite bestehen, die behoben werden können. Meike Langers Kombiprodukt **Quando** geht noch weiter. Es bietet optische Memohilfe und Packungsverschluss in einem. Statt die handgeschriebenen Etiketten von selbst eingefrorenen Tiefkühlwaren mühsam zu entziffern, lässt sich das Datum genau auf einer Skala einstellen. Die Kunststoffklammer verschließt Gefrierbeutel luftdicht.

Kein Wunder, dass auch die Großen der Branche zur Innovation gezwungen sind. Hanno Kortleven entwarf für Tupperware eine Serie von ovalen Vorratsboxen, die mit ihren Flügeldeckeln gut zu öffnen sind und sowohl in der Tiefkühltruhe eingefroren als auch in der Mikrowelle erhitzt werden können. Einbuchtungen an der Ober- und Unterseite sorgen dafür, dass sich Wärme besser verteilt, wenn die Box von bis zu –25 Grad auf bis zu 160 Grad erhitzt wird. Ein spezielles Silikon-Ventil lässt Dampf entweichen, sobald **Heat N Serve** in der Mikrowelle steckt. Form und Material fördern Multifunktionalität. Die Vorratsbox ist auf dem Weg zu einem universellen, leicht zu bedienenden Aufbewahrungs- und Küchen-instrument.

Verpackung ist heute vieles: taktile Verkaufsfläche, Attraktor von Aufmerksamkeit, Hülle und Bekleidung, gleichsam dreidimensionale Benutzungsoberfläche der Dinge, die sich vor unseren Augen entfalten und zur Wirkung kommen. Zu lange wurde von der Industrie vor allem der Marketing- und Verkaufsaspekt bedient, während die ergonomischen Erfordernisse dahinter zurückblieben. Das wird und muss sich ändern, wenn in Zukunft alle Nutzer Freude an einem Produkt haben sollen, das ihren Wünschen und Bedürfnissen dient.

Heat N Serve
Aufbewahrungsschüssel von Hanno Kortleven für Tupperware

Leicht bedienbar durch die Form, multifunktional durch das Material.

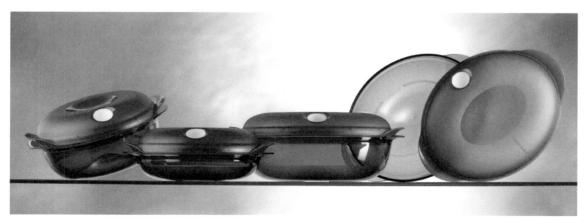

Flügeldeckel
Drehverschluss von Catherina Borowitzka

Dank ergonomisch geformten Flügel-verschlüssen lassen Flaschen sich leichter öffnen.

Sesam öffne dich!
Verpackung von Dési Doell,
dddddesign, Berlin

Leicht zu öffnende Getränkeverpackung
dank integrierter Lasche, an der eine
zweite Flasche zum Hebel wird.

Carry on
Getränkekasten von Dési Doell,
dddddesign, Berlin

Der zentrale Halter des Getränkekastens
wird zum Flaschenöffner.

Heilbronner

Drehverschluss von Natali Pilic

Ergonomischer Getränkeverschluss
bietet maximale Kraftübertragung
und Griffigkeit.

Rollen

Obst inspiriert. Ein Apfel hat Sir Isaac Newton angeblich schlagartig das Phänomen Gravitation vor Augen geführt. Dass Martin Hauenstein jeden Herbst einen alten Zitronenbaum über eine Treppe ins Winterquartier und im Frühjahr wieder zurück auf die Terrasse wuchten musste, gehört dagegen nicht ins Reich der Mythen. „Eine beschwerliche Tätigkeit", stöhnt der Münchner Designer. „Da lag es nahe, ein geeignetes Hilfsmittel zu entwickeln. Denn auch wenn man noch nicht über 50 ist, muss man sich nicht das Kreuz ruinieren." Das Prinzip ist ebenso einfach wie überzeugend. Die Leiter dient zugleich als Schiene für einen beweglichen Schlitten, der Lasten sicher nach oben oder unten transportiert. Hauenstein fertigte eine Skizze, auf der sein Zitronenbaum wie auf einem Fließband über die schräg gestellte Leiter nach unten gleitet. Energiesparend und rückenschonend. Das Konzept überzeugte und Hailo fertigte innerhalb von zwei Wochen einen Prototypen, an dem Designer und Hersteller das Konzept optimierten. Ein Handgriff und schon dient der Schlitten als separate Sackkarre, auf der Lasten zum **Leiterlift** befördert werden können. Die Leiter selbst spreizt sich mit rutschfesten Krallen an den breit gebogenen Füßen in den Boden und gewährt einen festen Stand selbst auf geneigtem Gelände. Sicher wie an einem Flaschenzug transportiert der Leiterlift Schweres nach oben oder unten. Farbige Seile zeigen an, wo man ziehen muss. Einfache, stimmige Details fügen sich zu einem Arbeitsgerät, das sich an verschiedene Situationen anpasst und den Menschen entlastet.

Das Prinzip ist einfach: Dinge kombinieren, die sich bewährt haben. Maike Ahlers **rollbarer Getränkekasten** macht genau das, allerdings auf verblüffende Weise. Der Standard-Getränkekasten erhält Rollen wie ein Koffer, den man am Flughafen hinter sich herzieht. Nie mehr schleppen, lautet die Devise. Statt schwere Flaschen kräfteraubend zu wuchten, lassen sich Einkäufe künftig zum Wagen oder vom Wagen ins Haus transportieren. Dazu müssen die Nutzer nur den Teleskopgriff ausfahren und den beweglichen Getränkekasten sicher abtransportieren. Ein interessanter Weg, der Schule machen sollte.

Rollbarer Getränkekasten
Entwurf von Maike Ahlers

Teleskopgriff ausziehen und schon rollt der
Standard-Getränkekasten wie ein Koffer.

Pullmann 50
Leiterlift von Martin Hauenstein
für Hailo

Skizze und Ausführung. Auf einem
beweglichen Schlitten lassen sich
Lasten sicher nach oben oder unten
transportieren.

Greifen

Erst Werkzeuge haben den Menschen zum Menschen gemacht. Wer die Welt in Besitz nehmen will, muss sie verändern können, nicht zuletzt die von ihm selbst geschaffene Umwelt. Immer gibt es etwas zu schrauben und zu lösen, anzuziehen und abzuklemmen. Entscheidend für jedes Werkzeug sind Passgenauigkeit der Werkzeugspitze und Handhabung. Wihas ergonomische Zangen-Generation **Inomic** entstand zusammen mit dem Stuttgarter Institut für Arbeitswirtschaft und Organisation (IAO) und wurde bereits mit dem iF Product Design Award 2007 sowie dem red dot design award ausgezeichnet, nicht zuletzt, weil das Gerät innovative Form, Ergonomie und präzise Fertigung verbindet. Die Zangenköpfe sind im „Metal injection molding" präzise geformt. Ein winziger Knick macht den Unterschied zum Standard aus. Der Griff der Zange wurde um 23 Grad gegen die Werkzeugspitze abgewinkelt und erlaubt so einen optimalen Zugriff auf den Arbeitsgegenstand; Gelenke, Sehnen und Muskeln der Hand bleiben entspannt. Zugleich überträgt die ergonomische Zange fast ein Viertel mehr Kraft als konventionelle Entwürfe. Was wäre aber Kraft ohne Präzision und genaue Dosierung!

Wer glaubt, etwas Banalem wie einem **Nussknacker** nichts mehr abgewinnen zu können, irrt. Rösle gelang mit dem iF-prämierten Modell eine Innovation, weg von der Symmetrie, weg vom Einheitsdesign. Zwei verschieden geformte Hälften nehmen Nüsse so griffig in die Zange, dass die schräg nach vorne gerichteten Zacken ihre Beute sicher greifen. Da nur die Zacken Kraft übertragen, knacken sie die Schale, ohne dass das Innere zerbröselt. Weniger Kraftanstrengung — Universal Design dringt bis in die kleinste Ecke.

Vielleicht ist es das ultimative Werkzeug, noch vor Schraubenzieher und Hammer: das Messer. Seit Jahrtausenden begleitet es den Menschen. Nun wird es gezähmt. Als das Team von Smart Design das OXO Good Grips **Utility Knife** entwickeln sollte, stand es nicht nur vor der Herausforderung, die Ersatzklinge elegant zu verpacken, sondern aus einem handlichen Teppichmesser ein garantiert sicheres Werkzeug zu machen. Zunächst verpassten sie dem Standardentwurf einen großen Hebel an der Basis, mit dem man das Gehäuse öffnet, in dem die Ersatzklingen sicher verwahrt liegen. Sobald das Gehäuse wegklappt, faltet sich das Klingen-Reservoir auf, so dass man die neuen Klingen sicher fassen kann. Kerben zeigen deutlich, wie man die neue Klinge sicher einklinkt. Zuklappen, einrasten, fertig. Bei dem Entwurf standen zwei Prinzipien im

Top
Fluchttür von Dhemen Design für Tesa

Schnelles Öffnen, auch im Dunkeln. Das amerikanische Prinzip, gestalterisch weiterentwickelt.

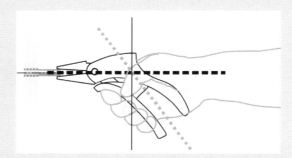

Inomic
Zange von Wiha

Der geneigte Griff sorgt für maximale Kraftübertragung und sicheren Halt.

365+
Brotmesser von Ergonomidesign
für IKEA

Sogar arthrithische Handgelenke können
auf diese Weise ein Brot schneiden. Der
aufgestellte Griff macht es möglich.

Brot

Nussknacker
Hergestellt von Rösle

Der asymmetrisch zugreifende Nussknacker
überträgt Kraft nur dort, wo sie nötig ist. Er
zerdrückt die Nuss-Schale, nicht den Inhalt.

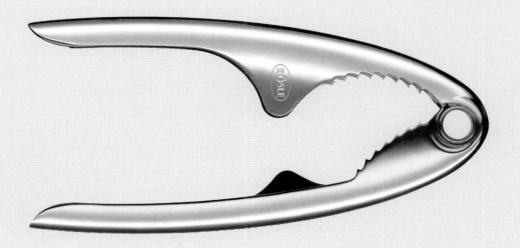

Vordergrund: Sicherheit und Komfort („safe and convenient"), von der narrensicheren Bedienung bis zum ergonomisch geformten Griff, der auf Zug ausgelegt ist. Wie sich dieses Prinzip noch steigern lässt, zeigen die schwedischen Designer von Ergonomidesign rund um David Crafoord. Sie kippten den Griff der **Messer-Serie 365+** für IKEA um 90 Grad nach oben. Benutzer fassen das Messer mit der ganzen Hand, ja ballen regelrecht die Faust um den Griff. Sogar arthrithische Handgelenke können so zugreifen und ein Brot schneiden. „Wenn wir wollen, dass alles so bleibt, wie es ist, dann muss sich alles ändern", sagte Giuseppe Tomasi di Lampedusa. Das gilt auch und gerade fürs Design. Leichte Materialien — Plastik und Elastomer — sowie Edelstahl garantieren gute Handhabung, rutschfest und sicher, den Clou aber bildet der unkonventionelle Griff. Design muss in Zukunft mehr denn je ausgetretene Pfade verlassen, um mehr Menschen die Teilhabe am Leben zu ermöglichen.

Drücken

Wenn es schnell gehen muss, hilft nur noch eins: stoßen, drücken, schlagen. **Fluchttüren** müssen einiges aushalten, sie dürfen aber nie klein beigeben. Das Prinzip ist vor allem aus den USA vertraut. Ein Druck auf einen langen Hebel, und schon geht die Tür auf. Die spanischen Entwickler von Dhemen Design entwickelten die vertrauten Merkmale für den iberischen Hersteller Tesa konsequent weiter: Robuste Mechanik verbindet sich mit klarer Farbgebung zu einem Produkt, dem man die Funktion sofort ansieht. Drück mich, lautet die Botschaft.

Der Merten **M-Smart Jumbo** nimmt sich das gleichermaßen zu Herzen. Die Hände sind voll, ein Kick mit dem Ellenbogen, mit der Hüfte oder sogar mit dem Knie reicht. Der große Schalter kann einiges einstecken und stellt ganz offensichtlich unsere gewohnte Ästhetik in Frage: Small is beautiful? Statt filigranem Profil und winziger Mechanik zeigt sich der Schalter als schweres, überdimensioniertes Teil für extreme Situationen. Wenn es schnell gehen soll und niemand die Hände frei hat. Doch stellt der Schalter zugleich die Gegenfrage: Does size matter? Kommt es wirklich nur auf die Größe an? XXL-Design wird verschwinden, wenn es nicht an der richtigen Stelle eingesetzt wird. Als Alleinstellungsmerkmal mag es dem Marketing gefallen, sein Erfolg wird sich in der Praxis zeigen, notfalls auch im Krankenhaus in der Intensivstation. Insofern markiert der große Schalter einen Grenzbereich des Universal

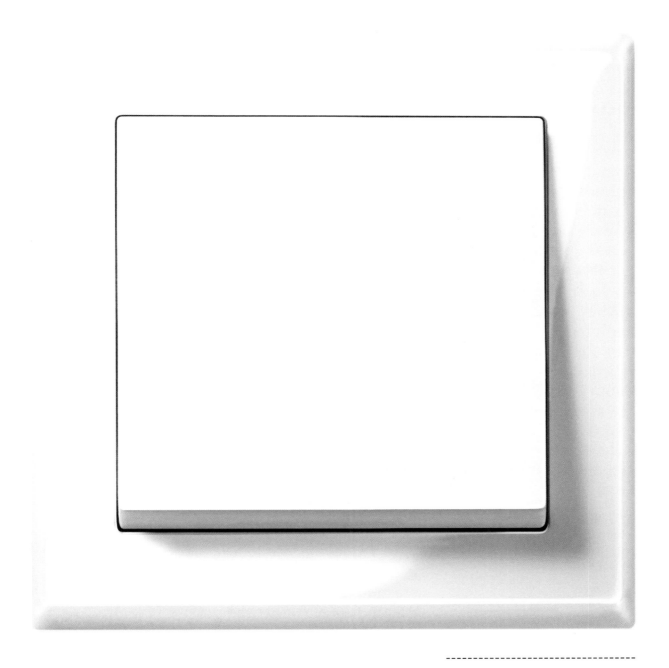

M-Smart Jumbo
Lichtschalter von Merten,
Größe: 160 x 160 mm

XXL-Design für alle Gelegenheiten.
Licht an per Ellenbogen? Kein
Problem!

Designs, leicht erkennbar und somit intuitiv zu bedienen, wirkt er aber auch als Warnung vor allzu leichtfertiger Vergrößerung bekannter Bauteile. Denn nur weil etwas groß ist, muss es lange noch nicht leicht zu handhaben sein.

Hier brennt nichts an

Seit einiger Zeit rückt die Küche wieder ins Zentrum des Hauses, als Herd, um den sich alles gruppiert. In der von der Moderne geächteten Wohnküche geht es nicht mehr nur ums Essen. Sie vermittelt Gemeinschaft und Geselligkeit rund ums domestizierte Feuer. Eine urtümlichanheimelnde Vorstellung, die Hermann Muthesius 1917 noch bekämpfte, als er von „technischen und gesundheitlichen Räume, wie Bad und Küche" sprach, „die jenen Geist atmen, den wir aus dem schön ausgestatteten Maschinenraum der großen Fabrik kennen". Sein Aufruf an künftige Gestalter: „Die Innenausstattung unserer Wohnungen wird glatt, schlicht und praktisch, nachdem sie aufdringlich und überladen war." [50] Kaum ein Jahrzehnt später findet die rationale Küche mit Grete Lihotzkys Frankfurter Küche und ihren Ausführungen zur „Rationalisierung im Haushalt" [51] von 1926 bereits ihre tayloristisch geprägte Gestalt. Lihotzky will beweisen, dass „Einfachheit und Zweckmäßigkeit nicht nur Arbeitsersparnis bedeuten, sondern, verbunden mit gutem Material und richtiger Form und Farbe, Klarheit und Schönheit" darstellen.

Was ist davon geblieben, sieht man von normierten Einbauküchen und Maßen ab? Eine Vision, die Vorstellung des bestmöglichen Lebens auf kleinstem Raum, die Vorstellung, die Effizienz der Maschine in den Alltag der Familie zu übersetzen, indem Zubereitung und Genuss am vormals einzig warmen Ort der Wohnung getrennt wurden. Die Großfamilie ist längst ausgestorben und niemand muss heute in der Wohnung frieren. Geblieben ist eines: Sehnsucht nach gemütlichen Stunden im Kreis der Freunde (und eventuell der Familie). Die Küche von heute, so vermitteln verschiedenste Kochsendungen und Talkshows, ist längst eher Rückzugs- und Gegenort zur Arbeit, Ort der Selbstverwirklichung und Freiheit als schweißtreibender

50 Muthesius, Hermann: „Maschinenarbeit." In: *Technische Abende im Zentralinstitut für Erziehung und Unterricht* 4/1917. E. S. Mittler und Sohn, Königliche Hofbuchhandlung, Berlin, 1917, S. 10—15.

51 Lihotzky, Grete: „Rationalisierung im Haushalt." In: *Das Neue Frankfurt.* 5, 1926—1927. Hier zitiert nach: Fischer, Volker; Hamilton, Anne (Hrsg.): *Theorien der Gestaltung. Grundlagentexte zum Design.* Band 1. Verlag Form, Frankfurt am Main, 1999, S. 169—172.

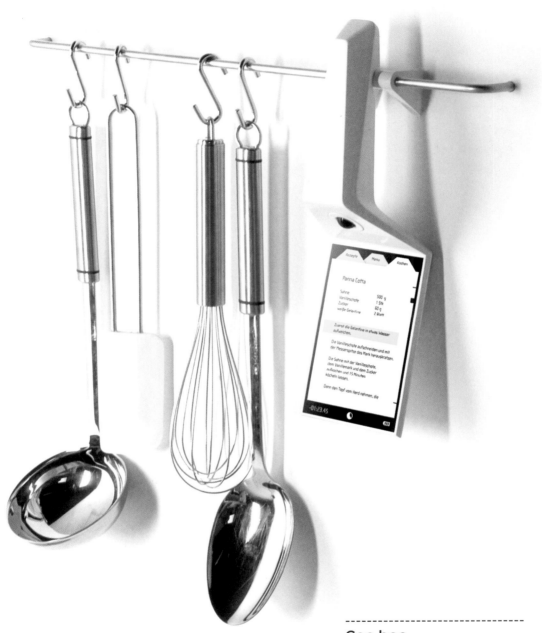

The following text appears on the device screen in the image:

Rezepte Menu Kochen

Panna Cotta

Sahne   500 g
Vanilleschote   1 Stk
Zucker   60 g
weiße Gelantine   2 Blatt

Zuerst die Gelantine in etwas Wasser
aufweichen.

Die Vanilleschote aufschneiden und mit
der Messerspitze das Mark herauskratzen.

Die Sahne mit der Vanilleschote,
dem Vanillemark und dem Zucker
aufkochen und 15 Minuten
köcheln lassen.

Dann den Topf vom Herd nehmen, die

-01:23.45

Coo.boo
Digitales Kochbuch von
Philipp Gilgen

Information, wo sie vergessliche
Köche brauchen: in Augenhöhe.

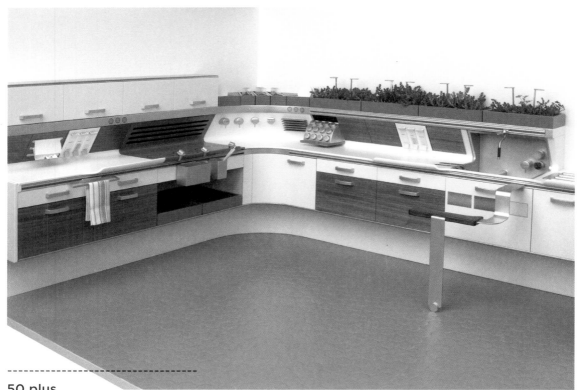

----

50 plus
Küchenkonzept von Diana Kraus

Die Küche antwortet auf eventuelle
Mobilitäts- und Beweglichkeitseinschränkungen der Nutzer: Geräte
in Greifhöhe, abgerundete Ecken,
geneigte Schütten und vieles mehr.

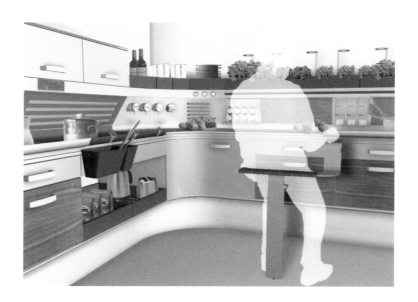

Arbeitsplatz. Insofern wurde es längst Zeit für eine fundamentale Neude-
finition der Küche, will man sie als warmes Herz der Wohnung und des
geselligen Zusammenlebens bis ins hohe Alter begreifen.

Haben die Bewegungsräume in den neuen alten Wohnküchen
auch dramatisch zugenommen, an eines denken die Planer zuletzt: eventuelle Mobilitäts- und Beweglichkeitseinschränkungen der Nutzer. Diana
Kraus hat das exemplarisch untersucht, wenngleich von Anfang an klar
war, kein seniorengerechtes Gestaltungskonzept zu testen, sondern einen
Universal Design-Ansatz zu verfolgen, der sich alters- und zielgruppen-
unabhängig gibt: „Eine Küche für das Alter muss sich anpassen", fordert
die Designerin. Sie müsse die nachlassende Leistungskraft des Körpers
und der Sinne kompensieren und das Kochen aktiv unterstützen. „Sicherheit und eine leichte Orientierung bauen vorhandene Ängste und Hemm-
schwellen ab. Bequemlichkeit und Komfort gilt es als zentrale
Bedürfnisse der Zielgruppe optimal zu
bedienen." Ein hoher Anspruch. Was heißt
das konkret im Ex-Maschinenraum der
Moderne und potenziellen Wellness-Ort des
21. Jahrhunderts? Die Gestalterin markierte
zunächst eine optimale Zone für die wichtigsten Küchenarbeiten, einen Bereich
zwischen 40 und 160 Zentimetern Höhe. Hier
liegen Stauräume und Funktionselemente.
Das bedeutet: Sockelzonen und Hoch-
schrankbereiche entfallen und damit auch
belastende Tätigkeiten wie extremes Bücken

52 Zumal die Designerin klar macht,
dass ihr Entwurf nur bedingt „auf dem
Konzept der Frankfurter Küche auf-
bauen" könne. Sie wollte weg vom
Labor-Charakter mit seinem glatten
Bodenbelag, seiner mangelhaften Be-
leuchtung, seinem starren Funktionalismus und „szenischem Purismus",
wenn sie auch einräumt, es verbinde
die „Idee der Einschränkung von Ar-
beitszeit, vor allem einer Verminderung
des Kraftaufwands beim Kochen, der
Hygieneaspekt: Das sind Bedingungen,
die auch die Küche 50 plus stellt."

und Heben. Die Arbeitsebene liegt im physiologisch beschwerdefreien
Bereich, der weiter ergonomisch optimiert wird. Der L- oder U-förmige
Grundriss konzentriert Vorbereiten, Kochen und Spülen übers Eck.
„Dadurch entsteht ein optimierter Arbeitsfluss durch eine einfache Dreh-
bewegung", sagt die Designerin, die damit durchaus in der Tradition der
Moderne steht — und Anforderungen barrierefreier Gestaltung verwirk-
licht. Eine Küchenwelt der kurzen Wege und logischen Anordnung, die
sich nicht im bloßen Funktionalismus erschöpft, ist ein Schritt nach vorn. [52]

Die modular aufgebaute, flexibel an verschiedene Räume anpass-
bare Küche bietet verschiedene Möglichkeiten. Ihre wichtigsten Teile
werden selbst beweglich und helfen bei der Arbeit. Klapptüren und
bewegliche Armaturen entlasten Gelenke. Beispiel Spülzentrum. In der

Durchdacht bis ins Detail: Alle
Arbeitsbereiche sind im grünen
Bereich, Stehhilfe und farbkodier-
tes Wasser sowie elektronische
Unterstützung beim Kochen.

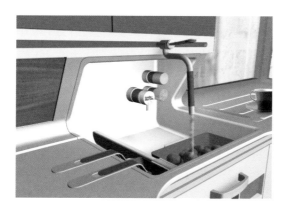

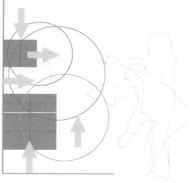

horizontal verschiebbaren Armatur kommt die Wasserquelle zum Topf, nicht umgekehrt. Eine Kipphilfe für Töpfe unterstützt die Köche beim Wasserausgießen.

Entwürfe sollten nicht durch extravagante Gadgets auffallen, sondern durch die Summe guter Details überzeugen. Kraus untersucht deshalb eine Reihe von Neuerungen gegenüber dem konventionellen Raumgefüge. Die Arbeitsplatten-Vorderkante ist in sensiblen Bereichen nach oben gewölbt. Sie dient als Haltegriff und zugleich als Absturzsicherung für Töpfe und Pfannen. Das in Brusthöhe angebrachte Gewürzfach lässt sich ausklappen, ebenso der Messerblock. Statt unübersichtlicher Stauräume favorisiert der Entwurf Vorratsbehälter für Schüttgut und Flüssigkeiten. Auch das ist ein indirekter Bezug zur optimierten Küche von Grete Lihotzky, die bereits mit Schubfächern und diversen Einsätzen gearbeitet hatte, allerdings ausschließlich unter dem Aspekt der Effizienz. Seither gab es eine deutliche Verschiebung der Gewichtung zu mehr Sicherheit und Komfort beim Kochen, das mehr und mehr als genüsslicher Teil einer Wellness-Gesellschaft verstanden wird. Kochen ist gefragt, nicht nur in diversen TV-Shows.

Diana Kraus gestaltet für alle. Zu diversen praktischen Hilfen kommen diverse High-Tech-Elemente, die in den nächsten Jahren den Markt hochpreisiger Küchen durchdringen (vielleicht auch erobern) werden. Sensoren nicht nur für Senioren, Internet- und Kommunikationseinrichtungen im ganzen Haus. Der Computer kocht mit, nicht nur mittels voreingestellter Garzeiten und Rezeptvorschlägen. Hier heißt der virtuelle Sous-chef Luc und soll ständig „Handlungsanweisungen und Zwischeninformationen" liefern. Die Küche der Zukunft reagiert auf Berührung. Erfasst die Köchin den Griff, werden undurchsichtige Glasscheiben von Schubkästen oder Kühlgeräten zu transparenten: Flüssigkeitskristalltechnologie bietet Einblicke. Nach dem gleichen Prinzip arbeitet die Farbcodierung des jeweils verwendeten Wassers. Ein blaues oder rotes LED warnt vor heißem Wasser, bevor man sich die Hand verbrüht.

Wir haben lange von Ergonomie und optimalem Einsatz von Geräten und Technik gesprochen. Wie steht es nun mit der Ästhetik? „Schlichtheit" will die Designerin verkörpern: „Betont sachlich, enthält sich das Design jeglicher Extravaganz." Das Ergebnis — warmes Holzfunier, kombiniert mit Metall und runden Formen — zeigt den Übergang von der durchrationalisierten Küchenzeile zum Bestandteil einer Wohnlandschaft, die das Kochen mit einschließt.

53 Lihotzky, Grete: „Rationalisierung im Haushalt." In: *Das Neue Frankfurt*. 5, 1926—1927. Hier zitiert nach: Fischer, Volker; Hamilton, Anne (Hrsg.): *Theorien der Gestaltung. Grundlagentexte zum Design*. Band 1. Verlag Form, Frankfurt am Main, 1999, S. 169—172.

54 Degenhart, Christine: *Freiraum. Das Haus fürs Leben, frei von Barrieren*. Landkreis Rosenheim (Hrsg.), 2000.

Innovationen entstehen nicht im luftleeren Raum. Am Modell war die Firma Miele beteiligt. Wie meinte doch Grete Lihotzky: „Das Problem der Rationalisierung der Hausarbeit kann also nicht für sich allein gelöst werden, sondern muss mit notwendigen sozialen Erwägungen Hand in Hand gehen." [53] Dass künftige Küchenkonzepte eine Schlüsselrolle bei der Gestaltung von Wohnungen spielen, wurde offenbar noch nicht erkannt. Autonomie bis ins hohe Alter bedeute auch weitreichende Selbstversorgung, sagt Architektin Christine Degenhart von der Beratungsstelle Barrierefreies Bauen der Bayerischen Architektenkammer. [54] Diesen Grad an Freiheit zu erhalten und zu fördern ist Aufgabe künftigen Designs.

FUSS

Superplan XXL
Duschwanne von Phoenix Design

Bequemer Einstieg und rutsch-
hemmende Anti-Slip-Emaillierung.

MAN MUSS ALS DESIGNER EIN GEWISSES ALTER ERREICHT HABEN, UM SICH INS ALTER HINEINZUVERSETZEN.

MARTIN HAUENSTEIN

Fuß

Beweglichkeit beginnt im Kopf. Wie aber steht es mit einer Gesellschaft, die an den Computer gekettet ist, die Tennisarm und Bandscheibenvorfall zum Volkssport macht? Auch ausgefeilte Technik kann Bewegungsmangel nicht heilen, wohl aber lindern. Wenn wir schon den ganzen Tag sitzen, dann bitte aktiv, versprechen die Hersteller diverser Büromöbellinien. Wer sich hingegen nicht mehr bewegen kann, ist auf fremde Hilfe angewiesen, und da diese immer seltener von Angehörigen kommt, könnte irgendwann der Personal Service Roboter das Frühstück ans Bett bringen.

Wir sitzen einfach zu viel. Physiotherapeuten mahnen seit langem, sich öfter mal vom Schreibtisch zu erheben und die müden Gelenke, Sehnen und Muskeln durchzuschütteln. Wer aber an der Tastatur festgewachsen ist, kann zumindest auf den **Stitz** zurückgreifen, den Klassiker von Hans (Nick) Roericht. Schon der Name vermittelt virtuos zwischen Stehen und Sitzen, der Einbeiner steht auf einem mit Quarzsand gefüllten Fußbalg und fängt unser Gewicht ab, während wir am Stehtisch lehnen. Ein Griff unter den Sitz, und schon fährt er an der Teleskopstange nach oben. Der seit 1992 mehrfach ausgezeichnete Stitz hilft dort, wo ein normaler Stuhl zu kurz greift: zwischen Tresen und Tisch, Zeichenbrett und Computerarbeitsplatz. Er unterstützt seine Nutzer, bettet sie aber nicht in Daunen. Sie müssen schon selber stehen. Der Stitz regt seine Besitzer schließlich an, sich auch mal wieder zu erheben und sich natürlich im Raum zu bewegen.

Türchen, öffne dich!

Haupteinfallstor für Universal Design bildet neben einfacher Bedienung und breiter Handhabbarkeit vor allem Komfort. Dieser setzt dort an, wo man ihn am wenigsten erwartet: in den eigenen vier Wänden. **Porteo** wuchtet Türen bis zu 80 Kilogramm auf, ohne bei einer Bauhöhe von gerade 6 Zentimetern optisch groß ins Gewicht zu fallen. Porteo reagiert auf Handtaster oder Handsender und wurde eben mit einem der „Universal Design Awards" des iF Hannover ausgezeichnet, weil er Technik in ansprechende Ästhetik hüllt, auf lange Kabel verzichtet und leicht zu montieren ist, also auch nachträglich unerreichbare Räume und Bereiche wieder zugänglich macht. Universal Design erschöpft sich nicht in rutschfesten Belägen und barrierefreien Bädern, in optionalen Hilfen und

Adiplus
Ergonomischer Laufschuh von
Stephanie Hudde

Anziehend wirkt der Schuh nicht nur
durch die biomechanisch gefederte Sohle,
sondern auch durch zusätzliche Schlaufen
an Rist und Schuhzunge.

Griffen an der richtigen Stelle, Universal Design durchdringt den Lebens-
alltag, von Kopf bis Fuß.

Gut zu Fuß

Gestaltung heißt längst mehr als eine ansprechende Hülle, Design lädt
Ingenieurswissen mit neuen Möglichkeiten auf oder sucht neue, einfache, pragmatische Lösungen, die das Leben erleichtern. Wer schon einmal verletzt vom Sportplatz humpeln musste, weiß Beweglichkeit neu
zu schätzen. Jeder möchte gut zu Fuß sein, und Technik unterstützt uns
dabei. Im Laufbereich nimmt die technologische Aufrüstung der Sportler rapide zu: Gel-Einlagen, Schock-Absorber und elastische Materialien
gehören zur Standardausrüstung eines auch nur mäßig ambitionierten
Hobbyläufers. Kein Wunder, dass nun auch der **Laufschuh adiplus** für die
Zielgruppe 50plus entstand.

Stephanie Hudde von der FH Coburg bewies, wie sich Ästhetik und
Funktion, Sicherheit und Komfort unter einen Hut, respektive Laufschuh,
bringen lassen. Erstens: Von der gewohnten Sohle muss sich niemand
verabschieden. Der Schuh sieht aus wie ein normaler Schuh. Unterschiede
und Feinheiten liegen im Innenleben; die „biomechanisch gefederte"
Sohle etwa bietet einen besonders guten Halt auf Straßen und auf Wald-
boden. Zweitens: Sicherheit und Komfort sind nicht nur Labels auf der
Außenseite, sie haben den Weg in Details gefunden. Reflektoren erhöhen
die Sicherheit bei Nacht, Schlaufen an Rist und Schuhzunge erleichtern
das Aus- und Anziehen. Mit adiplus scheint das lange Nesteln an Schlaufen und Zunge ein Ende gefunden zu haben.

Wer (gerade) nicht mehr ganz so gut zu Fuß ist, kann auf den
Toyota iReal zurückgreifen, den der *Stern* bereits als „beweglichen Elektro-
renner" bezeichnete. Der schlanke Einsitzer bricht mit allen bisherigen
Mobilitätskonzepten von Auto, Mofa und Fahrrad und erinnert an einen
rasenden Stuhl. Das High-Tech-Gefährt für die Innenstadt entlastet uns
dort, wo wir immer wieder Transport-Hilfe brauchen, etwa beim Einkaufen. In der Mall kurvt der bis zu 40 Stundenkilometer schnelle Sitz
von Geschäft zu Geschäft und führt vor, wie sich ein Auto-Konzern wie
Toyota zum allgemeinen Mobilitätskonzern entwickelt. PM — Personal
Mobility — wird nach Ansicht der Japaner die Zukunft gehören: als Serie
flotter Fahrzeuge, die hilfreich zur Seite stehen, als Assistenten einer
Gesellschaft, die im Schnitt älter und gebrechlicher geworden ist, aber

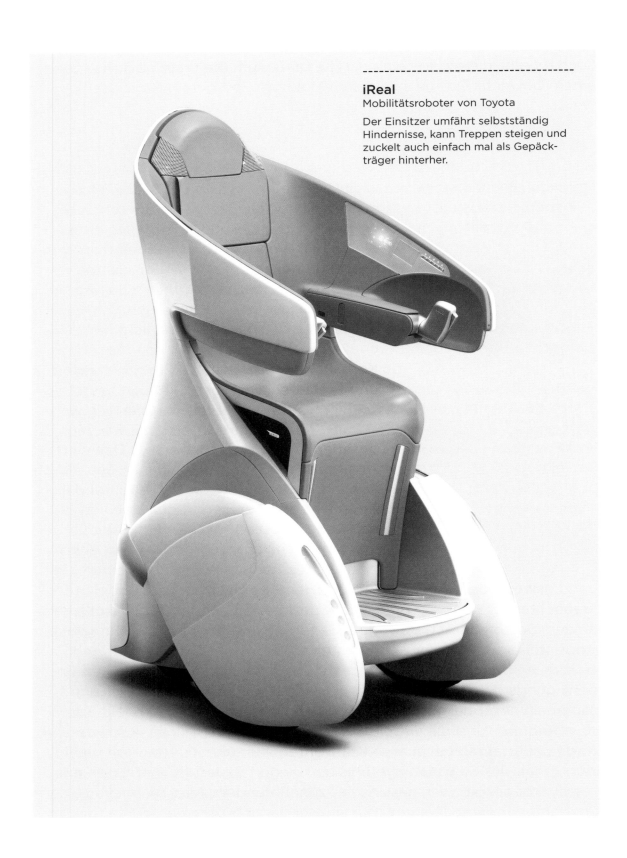

iReal
Mobilitätsroboter von Toyota

Der Einsitzer umfährt selbstständig
Hindernisse, kann Treppen steigen und
zuckelt auch einfach mal als Gepäck-
träger hinterher.

auch für alle, die gerade einmal Hilfe brauchen. Die ersten Schritte zu einem Universal Design im Bereich Mobilität sind getan. Profitieren werden wir davon alle.

Mobilität trotz Alter

Mobilität ist keine Frage ausschließlich der Infrastruktur und bevorzugter Transportmittel, sie ist Indiz geistiger Beweglichkeit. Und die ist heute nicht mehr direkt an Fitness gebunden. Der gesunde Geist sitzt oft in einem nicht mehr ganz so gesunden Körper — und umgekehrt. Technik assistiert bei körperlichen Einschränkungen, neue Kommunikationsformen treten in den Vordergrund. Wie das Internet, das nicht nur tägliche Versorgung erleichtert, sondern auch Kontakt herstellen hilft zu Gleichgesinnten und Freunden. Dennoch gilt auch heute: Mobilität entscheidet mit darüber, wie wir in soziale Netze eingebunden sind, wie wir gesehen und akzeptiert werden. Der Vierte Altenbericht zur Lage der älteren Generation von 2004 formulierte das so: „Während sich beispielsweise der Begriff der Mobilität in den Lebensabschnitten des mittleren Erwachsenenalters und des ‚jungen Alters‘ eher auf die Benutzung von Verkehrsmitteln, vorzugsweise des eigenen Autos, bezieht, wird Mobilität im hohen Alter immer stärker zu einem Bestandteil der grundlegenden Alltagskompetenz im Sinne von sich Bewegen, Gehen und Treppensteigen. Tätigkeiten, die in früheren Lebensabschnitten eine Selbstverständlichkeit waren, werden im hohen Alter zur Leistung." [55] Und weil das so ist, bleiben Fortbewegungsmittel Schlüssel für ein erfülltes, selbstverständliches und allgemein akzeptiertes Leben. Wer nicht mehr beweglich ist, fällt aus dem Rahmen, und die Gesellschaft lässt einen das spüren. Auch deshalb trage „Autofahren bei älteren Kraftfahrerinnen und Kraftfahrern häufig zum Erhalt des Selbstwertgefühls bei", sagen Experten, und fügen hinzu: „Viel wichtiger ist aber, dass es mit zunehmendem Alter bei gleichzeitiger abnehmender Mobilität eine nur schwer verzichtbare Ressource für den

55 *Vierter Altenbericht zur Lage der älteren Generation*, 2004, S. 77.

56 *Vierter Altenbericht zur Lage der älteren Generation*, 2004, S. 218. Gerade am starren, nicht immer flächendeckenden öffentlichen Nahverkehr entzündet sich Kritik: „Wer kein Auto hat oder keines mehr hat, ist auf den öffentlichen Personennahverkehr angewiesen. Der ist aber mittlerweile fast nicht mehr vorhanden. In vielen Orten ist es oft nicht mehr möglich, am selben Tag von A nach B und wieder zurück nach A zu kommen." Schweitzer, Hanne: *Kommentar zum 5. Altenbericht der Bundesregierung.* Büro gegen Altersdiskriminierung e. V., 3.10.2006; http://www.altersdiskriminierung.de/themen/artikel.php?id=1576

Erhalt von Mobilität und selbstständiger Lebensführung darstellt, die mit anderen technischen und umweltlichen Ressourcen (öffentlicher Nahverkehr) nicht gleichwertig zu ersetzen ist." [56]

Einsteigen, bitte!

Der Trend zum eigenen Auto ist ungebrochen. Die Hälfte aller deutschen Neuwagen werden von der Generation 50 plus erworben, in der Luxusklasse sogar 80 Prozent der Fahrzeuge. [57] Wo aber bleiben die Fahrzeugkonzepte für alle Generationen, von der bequemen Einsteigehilfe bis zum benutzerfreundlichen Display? Denn was nützt das schönste Fahrzeug mit hohem Prestige, wenn es Menschen nicht mehr benutzen? Die Bruchlinien zwischen intaktem Marken-Image, Design und intaktem Rücken zeigen sich beispielhaft am Porsche Cayenne, dessen breite Türen, hoher Einstieg und gute, da hohe Fahrerposition, ihm den zweifelhaften Ruf eines „Senioren-Porsches" [58] eingetragen haben. Das Marketing schweigt, Unternehmenskommunikation bleibt sprachlos, wenn man den Luxushersteller auf das Fahrzeug anspricht. Daraus lässt sich nur ableiten, dass neben Sicherheit [59] und Ökologie in Zukunft vor allem Komfort das große Aufgabenfeld für Designer und Fahrzeugkonstrukteure wird. Anregungen kommen nicht selten aus der Universität, wie es etwa Martin Könecke mit seiner Diplomarbeit vorführte: elegante Linien, reduziertes Cockpit, weißes Interieur. Die Designstudie könnte jeder neuen Limousine zur Ehre gereichen, aber sie erschöpft sich nicht in Äußerlichkeiten. Plötzlich schwenkt der Fahrersitz zur Seite und nach oben. Genau 180 Millimeter nach oben und 30 Grad zur Fahrtrichtung. Eine spezielle Aufhängung an Mittelkonsole und Fußraum macht das möglich. Martin Könecke entwarf in

57 Scheytt, Stefan: „Woopies. Sie haben Geld. Sie haben Zeit. Und alte Menschen können noch eine Menge brauchen." *brand eins* 9/2005.

58 „Da das unzweifelhaft so ist, muss allerdings die Autoindustrie ihre Fahrzeuge unseren Bedürfnissen anpassen. Was heißt: Die Sitze dürfen nicht knapp über dem Asphalt liegen, sondern unseren alten Knochen angemessen. Der Cayenne, auch Senioren-Porsche genannt, mit seinen breiten Türen und hohen Sitzen, leistet da Vorbildliches. Es versteht sich von selbst, dass Einparkhilfen, ein leicht verständliches Navigationssystem und ein simpel zu bedienendes Radiogerät zum Autoinventar gehören sollten." Von Kuehnheim, Haug: „Gib Gas, Alter!" *DIE ZEIT* Nr. 11, 09.03.2006.

59 „Die Autounfälle sind nach Stürzen die zweitwichtigste Ursache für Verletzungen bei über 75-jährigen Menschen und wichtigste Quelle der Verletzungen mit tödlichen Folgen [...]. Die Häufigkeit der Autounfälle ist bei den Demenzkranken vergleichbar mit der Gruppe der unter 26-Jährigen, jedoch doppelt so hoch wie bei psychisch unauffälligen gleichaltrigen Autofahrern." *Vierter Altenbericht zur Lage der älteren Generation*, 2004, S. 174.

Senioren Fahrzeuginterieur
Diplomprojekt von Martin Könecke

Hilfe beim Ein- und Aussteigen. Ein spezielles Aufhängesystem lässt Autositze nach außen und oben schwingen.

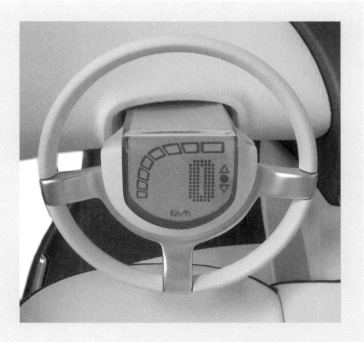

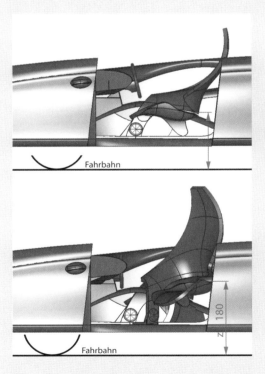

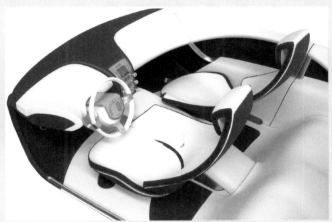

60 Martin Köneckes Diplomprojekt an der FHH „Senioren Fahrzeuginterieur" wurde beim ersten universal design Wettbewerb Niedersachsen ausgezeichnet. Die Arbeit wurde von Prof. Gunnar Spellmeyer sowie dem Leiter der Designabteilung der EDAG Engineering + Design AG in Fulda, Johannes Barckmann, betreut.

seiner Diplomarbeit [60] ein spezielles **Aufhängesystem für Autositze**. Sie wachsen ihren Fahrern förmlich entgegen, damit diese leichter ein- und aussteigen können. Ergonomie in ihrer schönsten Form, die zudem noch Platzvorteile bietet. Die einseitige Befestigung der Sitze schafft mehr Raum im Inneren des Fahrzeugs. Auch wenn Könecke vornehmlich an Ältere dachte, gestaltete er doch für alle, die es bequem haben wollen. Der Preisträger des universal design Wettbewerbs Niedersachsen 2007 wählte eine bewusst leichte Formsprache, um jede Assoziation mit einem orthopädischen Hilfsmittel zu vermeiden. Denn Universal Design hat nichts mit Stigmatisierung zu tun, es ist auch nicht auf eine Zielgruppe festgelegt. Was Alten gut tut, kommt allen zugute.

Der rasende Rollstuhl

Ein Sirren liegt in der Luft, Halogenscheinwerfer erleuchten den Waldweg, dann braust ein Kleinfahrzeug heran, Äste klatschen gegen die

SuperFour
Outdoor-Hybrid-Rollstuhl von
Otto Bock HealthCare

Offroad-Fahrzeug für alle. Der Hybridantrieb bewältigt bis zu 22 Grad Steigung bei minimalem Verbrauch. Zwei Liter Diesel auf 100 Kilometer ermöglichen eine Reichweite von 200 Kilometern.

kugelförmige Plexiglashaube, unter der die Fahrerin sitzt. Zwei Wanderer treten verblüfft zur Seite. So haben sie sich den ersten allradgetriebenen Outdoor-Hybrid-Rollstuhl nicht vorgestellt. Die Frau am Joystick grüßt freundlich und gibt Gas. Der Weg ist steinig und führt bergan. Das Gerät fährt problemlos weiter, der Sportsitz verfügt über eine automatische Sitzneigung — Elektronik gleicht auch extreme Steigungen aus. Mit der Hand am Joystick lenkt die Fahrerin ihr Gerät intuitiv und direkt. Die Staubwolke hat sich gelegt, die beiden Wanderer grinsen sich an. So ein Ding müsste man auch haben, sagt der eine. Der andere sagt nichts und wischt sich den Schweiß ab. Auf geht's!

Otto Bock HealthCare, Hersteller von Orthopädie- und Reha-Technik, wagt mit dem allradgetriebenen **Outdoor-Rollstuhl Superfour** den Schritt vom Spezial- zum Massenhersteller. Statt nur den Bedarf einer kleinen, aber anspruchsvollen Zielgruppe zu bedienen, versucht die Firma neue Märkte zu erschließen. Der rasende Rollstuhl als Funartikel, verantwortlich gestaltet vom Schweizer Designer Urs Schoenauer. Ein Offroad-Vehikel, das 22 Grad Steigung nimmt, das heißt rund 40 Prozent auf nahezu jedem Untergrund. Der Hybridantrieb mit stationärem Generator, vier Radnabenmotoren und elektrischem Differential verteilt seine Kraft je nach Untergrund auf vier Räder, was dem Gerät hohe Wendigkeit verleiht. Und weil das Fahrzeug speziell für „aktive Rollstuhlfahrer" gedacht ist, die Unabhängigkeit und Mobilität schätzen, besitzt die Einzelradaufhängung 100 Millimeter Federweg pro Rad, was den SuperFour bequem und geländegängig macht.

Das Navigationssystem TAS (Touristisches Assistenz System für barrierefreien Zugang) kombiniert mit einer Mobilfunkverbindung sorgt für permanente Erreichbarkeit und zusätzliche Sicherheit, es soll in Zukunft um weitere relevante Informationsinhalte ausgebaut werden und dient dann als umfassendes Informationssystem. Wo ist die nächste Apotheke? Oder das interessante Museum? Wohnt da nicht ein alter Freund in der Gegend? Das Fahrzeug besitzt bei einem Verbrauch von zwei Litern Diesel auf 100 Kilometer eine Reichweite von 200 Kilometern. Schon immer war das Auto Zeichen von Autarkie und Sicherheit, das Kleinfahrzeug weitet den Nutzerkreis plötzlich auf alle aus. Ein Knopfdruck und schon fährt der Sitz zum Einstieg vor die Vorderachse. Einsteigen, Plexiglashaube schließen, fertig. Wenn es eine Bewegung im mobilen Universal Design gibt, dann die: vom Stock über den Rollator zum Outdoormobil, vom Reha-Bedarf zum allseits genutzten Design.

Peter Naumann, Professor für Industriedesign an der
Hochschule München über neue Fahrzeugkonzepte,
schicke Autoinnenräume und hilfreiche Assistenten

OH **Unsere Gesellschaft ist so mobil wie nie. Immer mehr
Automodelle drängen auf den Markt, die immer spezifischere
Zielgruppen ansprechen sollen. Wie werden ältere Menschen
gerade von Fahrzeugherstellern wahrgenommen?**

PN Ambivalent. Man hat lange nicht an eine Zielgruppe 70 plus
gedacht und erst nach Analysen erkannt, dass es sich um eine
solvente Zielgruppe handelt, die an Premiumprodukten interes-
siert ist. Sie erfüllen sich einen Traum und wollen jung und sportlich sein. Diese Zielgruppe sagt aber nicht unbedingt: „Das ist
ein Golf plus, also das richtige Auto für unser Alter, und deshalb
werden wir es kaufen."

OH **Es geht um „weiche" Faktoren, um das richtige Image.**

PN Das ist sicher ein Erfolg der SUV (Sports Utility Vehicle) genannten großen Geländewagen, die einen hohen Komfortgewinn bieten beim Einsteigen. Dieses Konzept ist besonders gut verpackt.
Ein Auto mit Lastwagencharakter wäre völlig uninteressant,
es geht um eine sportliche Note. Der Moment, sich nach dem
Arbeitsleben einige Träume zu verwirklichen, ist ganz wichtig, das
gilt insbesondere für Hersteller wie Porsche. Viele Fahrzeuge
werden gekauft, wenn man es sich nicht nur leisten kann, sondern
vor allem leisten darf.

OH **Leisten dürfen?**

PN Das heißt, wenn man das Geld nicht mehr für etwas Dringenderes
braucht. Diese Zielgruppe ist jetzt erkannt und wichtig, weil sie
über das Geld verfügt, sich auch in Zukunft noch Premiumfahr-
zeuge zu kaufen.

OH	Andererseits kursieren bereits Schmähungen wie „Senioren-porsche", weil in ihn Fahrer viel bequemer einsteigen.
PN	Man war zunächst überrascht vom Erfolg der Fahrzeuge, ihre Vorteile müssen in Zukunft viel besser vermittelt werden. Denn sie sind komfortabel und familienfreundlich. Eine Familie kauft sich zwar kaum den Porsche Cayenne, vielleicht aber der Großvater, um mit seinen Enkeln und deren Eltern mal was zu unternehmen. Zugleich passt viel Gepäck hinein. Momentan geht der Trend zu mehr Funktionalität: Ich will mehr machen können mit dem Auto.
OH	**Das erklärt nicht ganz den Erfolg dieser Fahrzeuge.**
PN	Es kommt Psychologie hinzu. Sie strahlen hohe Sicherheit aus, Schutz vor den anderen Verkehrsteilnehmern und der Umwelt allgemein. Man sitzt höher und bewegt sich in einer kleinen Festung.
OH	**Fahrzeuge werden Alleskönner, für Ältere zugänglich und zugleich sportlicher. Sie strahlen Sicherheit aus und bieten Komfort; in welche Richtung gehen wir, zum schnittigen Wohn-zimmerfahrzeug für den Stadtgebrauch?**
PN	Ganz genau. Das Auto soll ein Teil des Wohnens sein. Der Kom-fortgedanke markiert die Emanzipation vom technischen Overkill. Womöglich sagen die Kunden: Hightech ist toll, aber wir wollen Technik weder sehen noch aufwendig bedienen müssen. Überall Bildschirme und tausend Einstellungen, nein danke! Andererseits dürften bestimmte archaische Bedienungselemente bleiben. Wir drehen weiter an einem Knopf, damit es lauter oder leiser wird. Komfort heißt, sich nicht in Menüs und Entscheidungsbäumen zu verlieren. Das gilt für viele Dinge, vom MP3-Player bis zum Video-rekorder. Heute muss das Produkt nicht hinausposaunen, was es alles kann. Technik tritt in den Hintergrund. Dagegen dürfen Dinge, die wir als besonders schön empfinden, Essen und Mobiliar, ruhig dominieren.
OH	**Was bedeutet das fürs mobile Leben?**
PN	Das man sich hineinsetzt, sich wohl fühlt und nie daran zweifelt, ob man alles auch bedienen kann. Das Ambiente spielt eine große Rolle. Ich werde gefahren, das Auto nimmt immer mehr Dinge

ab, sodass das Fahren wieder Spaß macht. Ein schöner Neben-effekt. Das Fahren wird defensiver. Das dürften Ältere zu schätzen wissen. Fahrzeughersteller sollten mehr darüber nachdenken, wie ihre Produkte auftreten. Sollen sie so aggressiv benutzt werden? Sportlichkeit ja, aber bitte etwas im Hintergrund.

OH **Wie gestalten Sie das sportliche Fahrzeug für 70 plus?**

PN Auf keinen Fall darf es altengerecht aussehen. Fahrer wollen nicht als alt gebrandmarkt werden, auch wenn sie nicht mehr so beweglich sind. Die Veränderungen im Auto müssen weitreichend sein.

OH **Was muss sich konkret ändern?**

PN Beginnen wir beim Einstieg. Der nimmt bislang keine Rücksicht auf den Menschen, sondern ist nur auf die Steifigkeit des Fahr-zeugs ausgelegt. Sobald man hier Hand anlegt, muss man aber ein komplett neues Auto entwickeln. Dazu kommt das Be- und Entladen. In Zukunft sollte sich niemand mehr verrenken, etwas zu hoch wuchten oder sich zu weit hineinbeugen müssen, Ladeflächen dürfen wie Fließbänder funktionieren, dem Fahrer entgegenkommen oder sich weit absenken. Schon heute ist der Griff der Heckklappe innen, um sie leichter zuzuziehen, das könnte in Zukunft elektrisch geschehen. Auch das Sitzen ist ein Riesenthema, besonders die Belüftung im Sommer. Dazu müssen wir den Fahrerarbeitsplatz in den Griff bekommen. Ein Riesenthema sind zudem Assistenzsysteme. Es geht um Pre-Safe, Unfallvermeidung, Systeme, die sogar selbstständig eine Voll-bremsung einleiten, um eine Kollision abzuwenden. Oder Kom-munikation zwischen Fahrzeugen, bei dem entgegenkommende Autos vor einem Unfall warnen.

OH **Ein sprechendes Auto?**

PN Sprachbedienung ist ein Riesenthema, kein Allheilmittel, aber eine junge Wissenschaft, die enormes Potenzial bietet. Vieles wird man mit Sprache machen können. Der Assistent fragt: „In welchen Stadtteil möchten Sie?" Und der Fahrer antwortet „Zentrum" oder sagt „eins", stellvertretend für Zentrum. Kommandos stehen im Vordergrund, ein und aus sowie Zahlen.

OH	Wo liegen die Grenzen der Assistenten?
PN	Die sind fließend. Assistenzsysteme bieten persönliche Ansprache, reden gut zu. Sie helfen Dinge zu erkennen und beobachten zugleich den Fahrer, erkennen Sekundenschlaf und steigende Aggressivität. Das kann soweit gehen, dass dieses Fahrzeug die Farbe wechselt, und alle Verkehrsteilnehmer wissen: Achtung, der oder die ist geladen.

OH	**Das sind ja völlig neue Perspektiven. Der Fahrer wird überwacht, bei Gefahr übernimmt der Bordcomputer. Bislang setzt man sich hinter das Steuer und weiß: Ich fahre. Wird das ein Problem?**
PN	Es wird immer so sein, dass der Fahrer aktiv fahren kann. Aber er oder sie kann auch entscheiden, nicht mehr alleine zu fahren, dann übernimmt das Fahrzeug und reiht sich über GPS und Sensoren in den Verkehr ein. Es wird immer mehr selber machen und bestimmte Situationen übernehmen. Zum Beispiel das Auffahren auf die Autobahn, was besonders alten Menschen schwerfällt. Im Alter lässt die Fähigkeit nach, Entfernung und Geschwindigkeit abzuschätzen, da hilft das Fahrzeug.

OH	**Es bleibt immer ein Kann, kein Zwang.**
PN	Big Brother wird niemand akzeptieren. Ich kann vieles selbst regeln, daneben hilft eine Automatik.

OH	**Es wird einfach, komfortabel, sicher durch redundante Systeme, Spracherkennung neben Tasten. Wie wird sich das Fahren in Zukunft anfühlen?**
PN	So, wie man es sich wünscht. Der Fahrer konzentriert sich auf die Straße und muss nicht mehr an überflüssigen Dingen rumfummeln und in Menüs abtauchen. Ergonomen sagen, dass der Mensch nur drei Ebenen verkraftet. Das Fahren ist bereits die erste, jede weitere Einstellung darf dann nur noch zwei Ebenen umfassen. Viele Dinge werden zudem nie benutzt, weil sie zu versteckt sind. Es muss zum großen Umdenken kommen. Sonst ist man plötzlich mit falschen Produkten auf dem Markt.

OH	**Dann wird der Innenraum genauso wichtig wie das ansprechende Äußere ...**

PN ... genau, das Ambiente vielleicht sogar noch wichtiger. Außen geht es um Eleganz, Sportlichkeit, aber der Innenraum wird — wie in der Architektur — zum Erlebnis. Individualisierung heißt das Zauberwort, von speziellen Holzintarsien bis zu Benutzungsoberflächen. Mit Optionen für Displaygrafiken, Sprache und Geräusche. Es soll Spaß machen und dem Kunden das Gefühl geben, sein ganz spezielles Auto zu besitzen.

OH **Für Ältere etwa mit großen, leicht lesbaren Menüs. Sie sind ja die härtesten Kunden, die erfahrensten, die Wert auf Verarbeitung legen, auf Ästhetik und Funktion. Sie werden künftig Standards setzen und mehr verlangen.**

PN Auf jeden Fall. Die Hersteller müssen umdenken, weg vom technischen Bombast, weg vom Nischenprodukt. Wenn ältere Menschen Spaß an Dingen haben, bedeutet das auch für die anderen Komfortgewinn. Wichtig ist, dass niemand diskriminiert wird. Die demographische Entwicklung jedenfalls ist ein wunderbarer Auslöser, unsere Produkte vernünftig zu überdenken, so dass sie allen zugutekommen.

Wie wohnen?

Eine der ältesten Fragen der Menschheit lässt sich womöglich bald nicht mehr mit dem Dualismus „wohnen — leben" als verkaufsförderndes Bonmot auflösen. Bei keinem Gut jenseits des Autos zeigen sich die Wünsche und Vorstellungen ganzer Generationen so verdichtet wie in der eigenen Wohnung, die Spiegel des Lebens wird. Aber das alte Motto „zeige mir, wie du lebst, und ich sage dir, wer du bist", geht nur bedingt auf, wenn man die Generation 50 plus sieht. Zuschnitte und Ausstattung lassen nicht mehr unbedingt Rückschlüsse zu auf das Wollen, vielmehr drängt das Können in den Vordergrund, die wirtschaftliche Potenz, gepaart mit der Einsicht, Teile der Fitness von heute womöglich zu verlieren.

Zunächst die Zahlen. Die Wohnfläche, so viel ist klar, steigt und wird weiter steigen. Die Ausweitung der Wohnzone ist ein Phänomen aller Industriestaaten. Im Jahr 2003 verfügten die Dänen und Luxemburger pro Kopf über gut 50 Quadratmeter Wohnfläche, die Amerikaner zwei Jahre zuvor bereits über 62 Quadratmeter. Der Trend zu mehr Fläche für jeden hält an, quer durch die Altersgruppen. Eine Studie der empirica prognostiziert zwischen 2005 bis 2030 alleine für Deutschland ein Wachstum der Wohnfläche um 19 Prozent auf 4,4 Milliarden Quadratmeter, trotz sinkender Einwohnerzahl. [61] Dazu müssten fast 330.000 Wohneinheiten pro Jahr entstehen.

61 Braun, Reiner; Pfeiffer, Ulrich: *Wohnflächennachfrage in Deutschland*. Empirica, Berlin, 2005.

62 Ebenda, S. 4.

63 Krings-Heckemeier, Marie-Therese: *Das silberne Zeitalter — Wie wir den Wandel zu einer Gesellschaft der erweiterten Lebensspannen bewältigen können*. Empirica, Berlin, 2007.

64 Diese Quote liegt bei den über 50-Jährigen laut Empirica-Studie mit über 50 Prozent über dem Bundesdurchschnitt von 47 Prozent. Im süddeutschen Raum ist der Anteil der Eigentümer sogar noch höher.

Eine weitere, interessante Folge: Alte beanspruchen pro Kopf immer mehr Wohnraum. Die ihnen zur Verfügung stehende Fläche „steigt mit zunehmendem Alter deutlich an, obwohl die Wohnungsgröße selbst (Wohnfläche pro Haushalt) stagniert oder fällt. Die wesentliche Ursache dafür ist, dass die Haushalte typischerweise in der Familienwohnung bleiben (Remanenzeffekt), auch wenn die Kinder schon lange ausgezogen sind oder der Lebensgefährte verstorben ist." [62] Die Wohnungsgröße wächst durchschnittlich bis zum Alter von 50 Jahren. Steigende Quadratmeterzahlen reflektieren unser steigendes Wohlstandsniveau, das die verschiedenen Alters-Kohorten unverändert höher treiben. Und auch hier gibt es entsprechende Untersuchungen und weitere Differenzierungsversuche. Eine Studie des Forschungsinstituts empirica, die im Auftrag der Landesbausparkasse erstellt wurde, spekuliert darauf, dass zwei Drittel der 31 Millionen der Generation 50 plus sich „vorstellen, ihre Wohnsituation zu verändern oder dies bereits getan haben — Tendenz steigend". [63] Nun darf man von einer Studie für eine Bausparkasse vielleicht nichts anderes erwarten, aufschlussreich jedenfalls ist der überwältigende Prozentsatz häuslicher Mobilität, die hier zum Vorschein kommt. Egal, ob sogenannte Bestandsoptimierer — vorwiegend Immobilieneigentümer — oder Umzügler auf der Suche nach einem „kleineren Haus oder einer Wohnung mit Aufzug in zentraler Lage", für alle oberste Priorität hat: „eine möglichst lange Unabhängigkeit sowie die Nähe zu Familie und Freunden". Eine unerwartete Folge aus negativer Bevölkerungsentwicklung und ohnehin schon hoher Eigentumsquote [64]: Obwohl immer weniger Menschen im Land leben, steigt die Zahl der Haushalte sogar noch. Das liege vor allem an der wachsenden Zahl älterer Haushalte.

Umbauen, Ausbauen, Nachrüsten und Modernisieren bilden das Schwarzbrot von morgen. Am Beispiel Regensburg sollen exemplarisch die Schwierigkeiten aufscheinen: Renovierung und Umbau im denkmal-geschützten Bereich. Wie aber steht es mit Neubauten? Mit Ästhetik und Innovation? Die nachfolgenden Beispiele aus Österreich und der Schweiz sollen Lust am Bauen vermitteln, aufzeigen, dass Gebäude nicht nur einfache Behausungen sind, sondern gestalterischen Mehrwert bieten, ohne bei Standards oder Ausstattung einzuknicken. Innovation und Ästhetik bilden die Basis des neuen Bauens für alle Generationen.

Barrierefreies Bauen als Aufgabe der Zukunft

Der Vierte Altenbericht zur Lage der älteren Generation von 2004 legt unmissverständlich fest: „Neben der finanziellen Kontrolle kommt im hohen Alter der Aufrechterhaltung einer selbstständigen Lebensführung und der erfolgreichen Bewältigung des Alltags eine besondere Bedeutung zu, die ebenfalls in engem Zusammenhang mit den finanziellen Ressourcen alter Menschen steht. Hier bilden Wohnung und Wohnumfeld eine wesentliche Grundlage für Unabhängigkeit, Lebenszufriedenheit und schließlich Lebensqualität im Alter." [65] Die Schlüsse fallen aber durchaus verschieden aus. Wenn es um Menschen geht, spielt Ästhetik oft keine entscheidende Rolle. Auch hier gilt: Gebäude können niemals für fehlende Sozialkontakte aufkommen, mangelnde Ästhetik aber gegen Ethik auszuspielen und vermeintliche Mehrkosten für Gestalter als überflüssige Kosten abzutun, wird in Zukunft schwerer werden, wenn gute Beispiele Schule machen. Der Umbau der Gesellschaft wie auch ihrer real existierenden Hülle, der Häuser und Städte, erfolgt in kleinen Schritten. Und oft geraten wir dabei in die Perfektionsfalle. Alles muss hundertprozentig ausfallen, DIN-konform und hochwertig. Vielleicht können wir uns in Zukunft diesen Luxus gar nicht mehr leisten, sondern müssen froh sein, wenn Umbauten 60 Prozent mehr bieten für die Bewohner, auch wenn Kritiker einwenden, es fehlten noch 40 Prozent. Es geht um die Kunst der Bescheidenheit, auch die Kunst, mehr mit weniger zu erreichen. Die Rampe am Eingang ist oft nur ein Symbol, es geht darum, Räume offener zu gestalten, so dass sie flexibler genutzt werden können, es geht darum, naheliegende Ressourcen zu nutzen und oft auch zu improvisieren.

[65] *Vierter Altenbericht zur Lage der älteren Generation*, 2004, S. 106.

ALTER IST KEINE KRANK- HEIT.

DIANA KRAUS

Christine Degenhart, Architektin und Sprecherin der
Beratungsstelle Barrierefreies Bauen der Bayerischen
Architektenkammer, über Normen und Gesetze

OH   **Wo stehen wir auf dem Weg zur altersgerechten Gesellschaft, die sich irgendwann ja auch in der Gesetzgebung widerspiegeln sollte?**

CD   Was die Produkte betrifft, die die Menschen nachhaltig beeinflussen, und dazu zähle ich Gebäude, sieht es bundesweit recht gut aus, das hängt mit dem Gleichstellungsgesetz zusammen und mit den Landesbauordnungen. Der Gesetzgeber agiert und der Markt beginnt gerade erst aufzuwachen.

OH   **Wieso reagiert der Markt nicht?**

CD   Weil das Angebot die Nachfrage, also die Gesellschaft selbst widerspiegelt. Der Markt bewegt sich langsam und viele kleine Initiativen verändern etwas, Wohngemeinschaften für Demenzkranke, Wohngemeinschaften für ältere Frauen, das sind einzelne Blüten, die etwas bewegen …

OH   **… aber auf der zwischenmenschlichen Ebene, ohne Normen.**

CD   Man bemüht schon die Normen, denn Planer braucht man gerade hier. Das Wichtigste ist, dass man ein Ziel mit vielen Mitteln erreichen kann. Der Gesetzgeber ist das Thema vorausschauend angegangen und viele Kommunen erkennen bereits, was sie ihren Bürgern schulden an Ressourcen, in die sie dann hineinaltern können. Diese Förderung weckt auch einen Markt.

OH   **Beim Einfamilienhaus sieht das schon wieder anders aus. Ich sehe kein barrierefreies.**

CD   Der Mensch ist frei, es ist seiner Initiative überlassen. Die Eigenverantwortung zählt, da bei Einfamilienhäusern vonseiten des Gesetzgebers keine Barrierefreiheit vorgesehen ist. Barrierefreiheit muss man einfordern, auch von Bauträgern, das Angebot reagiert auf die Nachfrage. Sobald Bürger das nachfragen, wird schlagartig anders gebaut, auch mit veränderten Grundrissen. Eine kreative Gestaltung kann Kosten einsparen. Selbst bei der bodengleichen Dusche, die komplizierter zu installieren ist, wird der Einbau preiswerter werden. Trotzdem lauert hier und beim Übergang zu Balkon und Terrasse ein bauphysikalisches Haftungsrisiko.

OH **Und ein Normenkonflikt.**

CD Auch. Da sind die Industrie gefordert und die Normenausschüsse. Und genau da wird der Marktdruck entsprechende Änderungen hervorrufen.

OH **Barrierefreiheit ist in aller Munde. Wie viele Normen und Gesetze gibt es dazu und wie sind sie gestaffelt?**

CD Dutzende. Die Bauordnung beschreibt verbindlich das Wohnen und die Gestaltung von öffentlich zugänglichen Bereichen, daneben gibt es privatrechtliche Vereinbarungen, etwa DIN-Normen. Dazwischen stehen in Abhängigkeit von den Landesbauordnungen verbindliche Normen. Bundesweit gelten verbindlich Verordnungen. In der Gaststättenverordnung ist zum Beispiel geregelt, wann es behindertengerechte Toiletten — und damit auch altersgerechte Toiletten — geben muss.

OH **DIN-Normen beziehen sich aber immer auf Deutschland, sie sind nicht übertragbar.**

CD Möglicherweise doch, es kommt immer darauf an, wer die Initiative ergreift und in den Normenausschüssen nationale Interessen einbringt. Da kann man aus Ländersicht schon sehr viel bewegen, wenn es eine Norm gibt. Europäisch lässt sich das einbringen, was schon existiert.

Wo stehen wir?

OH **Wo stehen wir im europäischen Vergleich?**

CD Deutschland hatte einmal eine Vorreiterrolle bei den Normen zum Barrierefreien Bauen inne und im deutschsprachigen Raum wurde vieles übernommen, das hat sich umgekehrt. Bei der Entwicklung einer EU-Norm spielt Deutschland heute keine führende Rolle. Andere Länder gehen von vornherein viel pragmatischer mit dem Thema um ...

OH   **... zum Beispiel?**

CD   Schweden. Dort vertritt man beispielsweise die Haltung, dass öffentlich zugängliche Toiletten Männer und Frauen gleichermaßen zur Verfügung stehen sollen. Diese sind grundsätzlich barrierefrei und damit altengerecht gestaltet. Wie Schweden uns hier zeigt, kann ein gesellschaftlicher Konsens noch mehr als manche Norm bewirken.

OH   **In welche Richtung zielt der Gesetzgeber?**

CD   Vereinfachung ist generell ein wichtiger Weg. Die EU will die Zahl der Gesetze reduzieren und Dinge koppeln, die zusammen gehören, so dass etwa nicht jeder Griff extra beschrieben wird, sondern eine generelle Beschreibung existiert für Griffe, die Menschen in einer gewissen Höhe betätigen. Auch behält man damit den Kostenrahmen im Auge. Das kann natürlich auch zu einer Einschränkung an Komfort führen. Aber es gibt klare Eckdaten, in deren Rahmen sich die Gestalter frei entfalten können.

OH   **Wie gehen Architekten mit Normen um? Empfinden sie sie als Einschränkung oder nehmen sie diese sportlich?**

CD   Jede Einschränkung beflügelt und führt zu neuen Ideen. Abstandsflächen und Brandwände etwa sollen Menschen schützen. Sie bilden eine Herausforderung für jeden Planer. Wie setze ich eine Brandwand? Inszeniere ich sie sogar? Barrierefreiheit heißt dagegen, dass die Sicherheit der Bürger im Sinne der Gesetze nicht unmittelbar betroffen ist. Da lässt der Druck spürbar nach und plötzlich ist auch die kreative Kraft, die aus der Einschränkung herrührt, am Erlahmen. Manche Architekten sehen solche Einschränkungen als Joch, andere als sportliche Herausforderung.

OH   **Generell: Lässt sich die Herausforderung Alter mit Normen lösen?**

CD   Mit großen Einschränkungen: ja. Es gibt Dinge, die müssen funktionieren. Über einen Zugang ohne Barrieren lässt sich nicht diskutieren. Da kann das Gebäude noch so gut gestaltet sein, wenn ich nicht hineinkomme, funktioniert es nicht. Alle anderen Dinge sollten dem Lauf der Zeit, der Mode, den Gewohnheiten und der sich verändernden Fitness der Bewohner angepasst werden können. Da sind DIN-Normen nicht immer förderlich, aber die wichtigsten Nadelöhre, zum Beispiel das Badezimmer, das Autonomie verspricht, sollte man definieren und mit Zahlen belegen und mit Geometrien. Und mit diesen Eckdaten lässt es sich auch sehr gut gestalten.

Integrierte Wohnanlage
Umbaumassnahme im denkmal-
geschützten Bestand der Stadtbau Regensburg GmbH

Ein gläserner Aufzug verbindet
zwei Wohnhäuser eines historischen Ensembles. 33 behindertengerechte und barrierefreie
Wohnungen entstanden auf dem
Gelände einer ehemaligen Brauerei. 2000 ging der Deutsche
Städtebaupreis an das Muster-
projekt.

Umbau im Bestand — Integrierte Wohnanlage in Regensburg

Ihnen gehört die Zukunft: Aus- und Umbauten, seien sie nun am Rand der Stadt, in relativ modernen Gebäuden oder im historischen Zentrum. Denn eines ist sicher: Wir werden bald weniger neu bauen, als vielmehr die vorhandene Substanz unserer Städte an die demographische Entwicklung anpassen müssen. Ein Konflikt ist dabei programmiert: Normen und Standards verschiedener Bereiche werden sich überschneiden, oft auch gegeneinander stehen, etwa Auflagen des Denkmalschutzes, die plötzlich mit Ausbauplänen für barrierefreie Gebäude kollidieren. Wie dieser Zielkonflikt entschärft werden kann, muss sich jeweils vor Ort klären. Beispiel Regensburg. Die Stadt an der Donau zeigt wie in einem Brennglas zukünftige Entwicklungen und Verwerfungen: Weltkulturerbe und Wachstumszentrum in einem, High-Tech-Standort und historische Adresse in einem. Bedeutende Bauten stehen in der Altstadt dicht gedrängt aneinander; Viertel für Viertel wird saniert und heutigen Standards angepasst. Aber die Standards steigen, verändern sich. Wo bleibt eine altengerechte Sanierung? Am Rande des historischen Kerns, in einer ruhigen Seitengasse, die zur Donau abfällt, entstand bereits 1995 ein Muster an Sanierung. Auf dem Gelände einer ehemaligen Brauerei entstanden 33 behindertengerechte und barrierefreie Wohnungen verschiedener Größen, vom anderthalb Zimmer-Appartement bis zur Vierzimmerwohnung, dazu Gemeinschafts- und Sozialeinrichtungen. [66] Ein flexibles Konzept durchzusetzen, das in größeren Wohnungen nach Bedarf ein Kinderzimmer oder einen Therapieraum vorsah, gelang, weil Architekten- und Bauherrenschaft in einer Hand lagen. Klaus Nickelkoppe von der Stadtbau Regensburg GmbH übernahm die Aufgabe, mit möglichst geringem Aufwand eine konsequent barrierefreie Anlage im Herzen der Stadt zu errichten.

Aus der Luft wirkt die integrierte Wohnanlage, die im Jahr 2000 den Deutschen Städtebaupreis erhielt, wie ein riesiges H. Ein gläserner Aufzug im grünen Hof verbindet mit Brücken die beiden, zu unterschiedlichen Gassen ausgerichteten Wohnhäuser. Der Einbau wirkt als Dreh- und Angelpunkt der gesamten Anlage und entlastet das historische

[66] In der Sprache der Planer heißt das: barrierefreie Sanierung einer denkmalgeschützten Anlage mit rollstuhlgerechter Anbindung an die Altstadt. Alle Wohnungen sind barrierefrei, davon 15 WE nach DIN 18025 Teil 1 und 18 WE nach DIN 18025 Teil 2. Vgl. dazu: *Barrierefreies und Integriertes Wohnen. Forschungsbericht zur Nachuntersuchung ausgewählter Projekte aus Modellvorhaben und Landeswettbewerb.* Oberste Baubehörde im Bayerischen Staatsministerium des Inneren (Hrsg.): (Materialien zum Wohnungsbau). München, 2006.

Ensemble, dessen Tragkonstruktion und Fensterachsen erhalten blieben; Zwischenwände ließen sich innerhalb der Anlage problemlos versetzen und an heutige Anforderungen anpassen, dazu kamen spezielle Sanitär-Fertigzellen aus Melaminharz. Denkmalschutz und Barrierefreiheit lassen sich offenbar doch verbinden — wenn die Rahmenbedingungen stimmen.

Zwischen den Gebäuden liegt ein grüner Innenhof: Das Herz der Anlage inmitten der dichten Altstadt bildet eine Oase für ihre Bewohner, die sich auf den Stegen zwischen den Gebäudehälften treffen. Hier entstanden gemeinsame Balkone mit Bänken und Blumen, eine fast südländisch anmutende Kommunikationsfläche. Eine Forschergruppe der TU München stellt fest: „Nur wenige Bewohner gaben an, Kontakt zu den Nachbarn zu suchen. Es wohne sich hier eher wie in einem normalen Mietshaus." Vielleicht ist das das größte Kompliment, das man an Planern machen kann: Normalität in einem Haus, das für alle da ist, für Alte und Junge, für Menschen mit und ohne Behinderung, ein Haus, das offen ist für die Veränderungen unserer Gesellschaft und seine Bewohner ins Netz der Stadt einbindet, mit dem Arnulfplatz direkt vor der Haustür.

Komfortabel und energetisch: Altersdomizil in Domat/Ems
von Dietrich Schwarz

Dieses Modell bietet Potenzial: selbstständiges Leben in der eigenen Wohnung mit der Option, jederzeit Unterstützung zu erhalten. Eine Wohnform, die alle Vorzüge von Apartment und Heimplatz vereint: Ruhe und Versorgung, Kontakte, Blick auf die Landschaft und hochwertige Ausstattung. Das Altersdomizil in Domat/Ems schafft eine barrierefreie Umwelt. Angelegt als Erweiterungsbau des bestehenden Altenheims, bietet es 20 Zweizimmerwohnungen zu je 52 Quadratmetern auf vier Etagen. Die Aufteilung der durchgesteckten und paarweise im Grundriss gespiegelten Einheiten ist so einfach wie schlüssig: Wohnzimmer und Loggia nehmen eine Hälfte der Wohnung ein, die andere, geschützt, bilden Küche und Schlafzimmer mit Blick auf die Alpen.

Als energetisch optimierte Anlage ist sie ganz nach Süden ausgerichtet. Gegen Norden bleibt sie monolithisch-geschlossen. Präzision bestimmt das Gebäude, eine konsequent durchgezogene Materialhaftigkeit. Die Südfassade wiederum öffnet sich verschwenderisch zur Landschaft; eine energetisch hochwirksame Glas-Metallkonstruktion zieht sich als schimmernde Hülle über alle Ebenen, die wiederum alternierend als

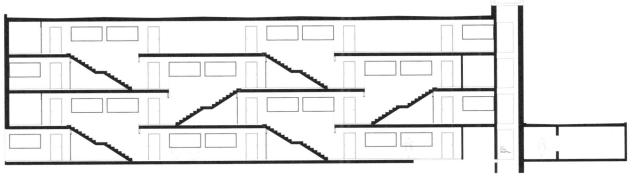

Altersdomizil
Erweiterungsbau in Domat/Ems
von Dietrich Schwarz

20 Zweizimmerwohnungen zu je 52
Quadratmetern auf vier Etagen, perfekt
erschlossen. Ein Refugium für selbstbe-
stimmtes Leben.

Schwellenlose Raumbezüge und barrierefreie Nasszellen unterstützen die
eigenständige Lebensführung bis ins
hohe Alter.

Loggien und großflächig verglaste (Wohn)Zimmer nur eine Bezugsrichtung kennen: Licht und Sonne. So viel Weite setzt sich im Inneren fort, Räume gehen fließend ineinander über, Schiebetüren lassen die barrierefreie Wohnung noch weiträumiger erscheinen. Küche und Bad sind konsequent barrierefrei ausgelegt mit unterfahrbarer Spüle, breiten Türen und einer ebenerdigen Dusche. Das Besondere: Die Gestaltung kommt nicht zu kurz. Architekt Dietrich Schwarz spielt mit Kontrasten. Parkett und Stahl, Natur und Technik, warm und kalt. Eine raumhohe Verglasung öffnet den Wohnraum zum Naturraum, mehr verbunden als getrennt durch eine Schwelle, einen Wintergarten mit großzügigen Schiebetüren. Bezüge nach draußen bestimmen das Leben im Inneren. Gegenüber den lichtdurchfluteten Wohn- und Schlafzimmern blickt man von der Küche über ein Brandschutzfenster zu Aufenthaltszonen im Treppenhaus, das als Rückgrat und Raumkontinuum das gesamte Gebäude durchläuft und so als Alternative zum rollstuhlgängigen Lift vor allem optisch verbindet. Jede Wohnung besitzt ihren eigenen Abstellraum direkt auf der Etage. Kellerabteile entfallen, was Wärmebrücken stark reduziert. Das gesamte Gebäude wurde von der HTA Luzern im Minergie-P-Standard zertifiziert. Es ist energieoptimiert. Die solare Gewinnfassade, entwickelt vom Büro Dietrich Schwarz mit Unterstützung des Schweizerischen Bundesamts für Energie, wird zum zentralen Gestaltungsmittel des Hauses, das als riesiger Energiesammler auftritt. Wärmepumpen und Solarkollektor arbeiten zusammen. Dazu versorgt die Komfortlüftung alle Räume rund um die Uhr mit Frischluft, während die Haustechnik in drei kompakten Räumen des obersten Geschosses konzentriert wurde.

67 Vgl. dazu auch: Schwarz, Dietrich: „Sustainable Design." In: *Werkbundsiedlung Wiesenfeld*. Band 5. (Werkbundtage, 2. Material und Technik). München, 2007, S. 89—97.

Das Zürcher Büro Dietrich Schwarz hat in Domat/Ems neue Standards gesetzt, was Komfort, Ästhetik und Energiebilanz eines Hauses angeht, das vor allem eines bietet: Entfaltungsraum für Menschen. Wann hat es das schon gegeben! Ein Preis für ein Alterswohnprojekt, einen Solarpreis für das Domizil in Domat/Ems am Fuß der Tuma Falveng mit 20 Wohneinheiten: Der Schweizer Solarpreis prämierte die konsequent nach Süden orientierten Wohnungen mit ihren speziellen Solargläsern, [67] die Aussicht auf Berge und Energiesparen bieten.

Bauen für Alte heißt bauen für alle: die Wohnanlagen der Architekten Baumschlager Eberle

Zu den Klassikern des Wohnungsbaus zählen die Österreicher Carlo Baumschlager und Dietmar Eberle. Trotz weltweiter Projekte haben sich die Grandesigneurs der Vorarlberger Baukultur ein Faible für guten Wohnbau erhalten. Wer die drei Projekte — Wohnanlage Achslengut (zweiter Bauabschnitt), St. Gallen, Wohnanlage Eichgut, Winterthur und Wohnen am Lohbach, Innsbruck — sieht, erkennt zunächst: nichts. Die barrierefreien Wohnanlagen unterscheiden sich nicht von anderen qualitätvollen Projekten des Architektenduos: klare Raumkanten, ausgefallene Verschattungslösungen, zentrale Erschließung und spektakuläre Treppenaugen. Was aber macht sie so besonders? Die beiden barrierefrei gebauten Schweizer Projekte zeichnet jene unterkühlte Eleganz aus, wie man sie von helvetischer Grafik kennt. Der zweite Bauabschnitt der **Wohnanlage Achslengut** in St. Gallen mit seinen 126 Wohneinheiten von 2002 spielt mit einem für Baumschlager Eberle bekannten Typus: Punkthäuser mit einer geradezu fluiden Hülle. Die barrierefreien Häuser mit Blick auf den Bodensee werden umspielt von einer Schicht aus gläsernen Schiebeelementen, teils transparent, teils opak. Die **Anlage Eichgut** mit ihren 90 Wohnungen, 2005 fertiggestellt, modelliert die Hülle zum herausragenden Ausdrucksmittel: Ein Schuppenpanzer scheint das langgezogene, durch Vor- und Rücksprünge sich windende Haus zu überziehen: eine Doppelfassade. So widerstrebende Größen wie Schutz und Fragilität bringt die Außenhaut in eine Balance: Schutz, weil die Anlage selbst hinter dem Winterthurer Hauptbahnhof liegt, Zerbrechlichkeit, weil die Anlage eher massiv auftritt und kantig. Die doppelte Haut aus siebbedruckten Glasscheiben schirmt die Außenwelt optisch wie akustisch ab, wenn es die Mieter wünschen. Barrierefreiheit war ein wichtiges Kriterium beim Bau: Der Lift führt direkt in die Wohnung, die Komfort und Offenheit verbindet. Die zwischen 88 und 155 Quadratmeter großen, bis zu 27 Meter tiefen, durchgesteckten Apartments beziehen Licht von der Straße wie vom Innenhof. Sie sind als fließende Raumvolumina angelegt, in denen Nasszellen und anderes Mobiliar wie Inseln in einem Wohnmeer schwimmen. Die nach dem Schweizer Minergie-Standard-P zertifizierte, energetisch optimierte Wohnanlage sorgt für einen Energieverbrauch von nur neun Kilowattstunden pro Quadratmeter und Jahr. Barrierefreiheit, Komfort und Ökologie sind keine sich ausschließenden Größen mehr.

Achslengut

Wohnanlage in St. Gallen von
Baumschlager Eberle

126 barrierefreie Wohneinheiten, konzentriert in Punkthäusern. Mit Blick auf den
Bodensee.

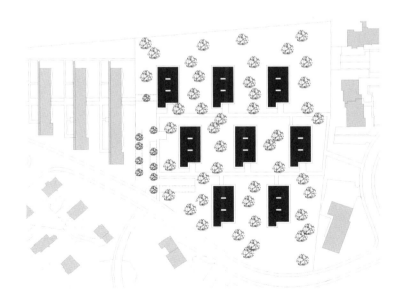

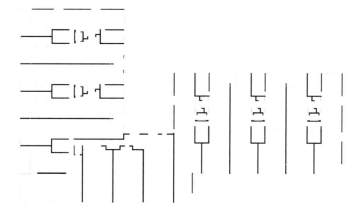

Eichgut
Wohnanlage in Winterthur von
Baumschlager Eberle

Konzentriertes Leben in der Stadt. 90 Wohnungen, barrierefrei, bis zu 155 Quadratmeter groß, als durchgesteckte Apartments.

Wohnen am Lohbach
Wohnanlage in Innsbruck von
Baumschlager Eberle

Sieben Baukörper in einem Ensemble, das
Ökonomie, Ökologie und Barrierefreiheit
mit Ästhetik verbindet.

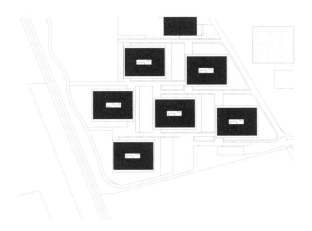

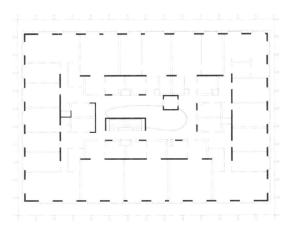

In Innsbruck entstand im Jahr 2000 die Anlage **Wohnen am Lohbach** für die Gemeinnützige Wohnungsbau- und Siedlungsgesellschaft mbH Neue Heimat Tirol. Sieben Baukörper fügen sich dicht gepackt zu einem Wohnkonglomerat, das neben extremer Verdichtung herausragende Blicke bietet auf die Landschaft. Mit ihren Würfeln schaffen die Architekten die Quadratur des Kreises: ökonomisch und ökologisch zu bauen, mit einer Vielzahl möglicher Grundrisse und viel Grün um die Häuser selbst. Qualität ist — bei aller Dichte — abhängig von großzügigen Momenten. Das kann ein Panorama sein ebenso wie eine Eingangshalle, die Tageslicht bis in die Tiefgarage befördert. Im Haus C wurden 26 Seniorenwohnungen eingerichtet, dazu ein Aufenthaltsraum mit Küche sowie ein Dienstzimmer. Das Personal übernimmt Besorgungen und Dienstleistungen: von einer Grundversorgung über ein Notrufsystem bis hin zu individuellen Angeboten im „betreuten Wohnen". Auch davon ist von außen nichts zu sehen: Die Anlage will Hilfen bieten, selbstständig sein Leben zu gestalten und das kann auch heißen, die kupfernen Sonnenschutzelemente bei Bedarf zu schließen und so dem Haus ein Stück Veränderung und Lebendigkeit schon von außen zu verleihen.

NORMEN LÖSEN KEINE PROBLEME / INTERVIEW

- -

Interview mit Carlo Baumschlager von Baumschlager Eberle
über Architekten und die Gestaltung der Zukunft

- -

OH   **Heute sprechen wir geradezu inflationär von Nachhaltigkeit. Sind eigentlich unsere Städte nachhaltig, wenn man darunter auch altersgerecht versteht?**

CB   Städte gibt es nicht erst seit 20 Jahren. Ihre Qualitäten entscheiden, ob etwas nachhaltig ist, dazu ist noch die kollektive Akzeptanz wesentlich und diese lässt sich nicht nur an Gebäuden festmachen. Außenraum, Straßen und Plätze zählen ebenso dazu. Wenn jedoch die kollektive Akzeptanz nicht vorhanden ist, wie bei vielen neuen Entwicklungen und städtebaulichen

Entscheidungen der Moderne, reduziert das die Nachhaltigkeit entscheidend.

OH **Das beste Design funktioniert nicht, wenn es niemand annimmt. Gibt es Kriterien für die Akzeptanz, Qualitäten, die eine kollektive Akzeptanz befördern?**

CB Der Entwurf muss dialogfähig sein mit dem, was gegeben ist, sich einpassen. Vieles, was heute gebaut wird und nur auf das Objekt selbst bezogen ist, also den Dialog ablehnt, wird sich als Modeerscheinung erweisen. Und deshalb auch kein Träger kultureller Werte sein. Es braucht zwar Solitäre an bestimmten Orten, aber das Gros sollte sich viel präziser mit dem Kontext beschäftigen.

OH **Wenn wir nun vom städtebaulichen Aspekt zum Einzelnen kommen. Ich sehe kein einziges Einfamilienhaus, das altersgerecht, geschweige denn barrierefrei gebaut wird. Welche Rolle spielt barrierefreies Bauen?**

CB Ich selbst lebe in einem Haus mit einer 87-jährigen Frau. Tag-täglich erlebe ich, dass das Haus nichts kann von dem, was es eigentlich können sollte. Wenn der Bauherr sein Einfamilienhaus haben möchte, ist er geprägt von völlig anderen Bildern. Alter gibt es in dieser Vorstellung nicht, das hängt natürlich mit den Bildern zusammen, die unsere Gesellschaft prägen. Auch dort kommt Alter nicht vor, im Gegenteil: Alles, was man tut, hat jung zu sein. Es gibt zu wenig Erfahrungen. Alt werden ist etwas relativ Neues …

OH **… als Massenphänomen.**

CB Auch. Wir haben Spitalprojekte, wir bauen mit der Diakonie Altenwohnungen. Aber alles, was es gibt, auch an Normen, basiert auf zu wenig Wissen. Zum Wohnen mit der Familie gibt es Dutzende von Büchern, nicht aber zum Wohnen mit alten Menschen. Da gibt es nur oberflächliche Informationen.

OH **Ähnlich bei Bauträgern, die zumindest in Deutschland den Markt entscheidend prägen. Produkte, die als altersgerecht angepriesen wurden, fallen am Markt durch. Gibt es da Lösungen?**

CB	Was Bauträger im Augenblick produzieren, hat eine Amortisationszeit von 30 Jahren. Das Alter spielt dabei keine Rolle, das hat nichts mit der Gesellschaft von morgen zu tun. Man hinterlässt den Jungen von heute nur Abbruch, keine Lösungen, das ist das Gegenteil von Nachhaltigkeit.
OH	**Was können Sie ändern, zusammen mit dem Auftraggeber? Was muss sich ändern?**
CB	Die Diskussion muss damit beginnen, dass alle, die entscheiden, sich fragen sollten, was mit ihnen selbst passiert, wenn sie alt sind. Die wenigsten, die heute mit am Tisch sitzen, haben Verständnis für diese Frage, und aus dem Nicht-Verstehen entsteht eine völlig verkehrte Perspektive. Diese Frage nach dem Morgen aber ist die Eintrittskarte für die Diskussion um nachhaltiges Handeln. Was man heute tut, sollte Gültigkeit haben, wenn man alt ist. Daraus entstehen andere Lösungen.
OH	**Können Sie diese anderen Lösungen anbieten?**
CB	Im Moment lässt der Markt das nicht zu. Das hieße einen höheren Flächenbedarf, andere Erschließungssysteme. Das zusätzliche Investment wäre gering, der Mehrwert ungleich größer, aber am Markt gibt es niemanden, der mit diesem Mehrwert rechnet. Der Mehrwert wäre deutlich, man müsste ihn nur vermitteln wollen. Wenn Vorteile aber nicht diskutiert werden, sieht sie niemand als Chance, sein Produkt zu differenzieren. Wir als Planer arbeiten Bestellungen ab, wir können einbringen, dass wir bestimmte Dinge nicht als vorteilhaft erachten, aber im Gesamten ist unser Part eher marginal.
OH	**Das klingt, als müsste der Staat dirigierend eingreifen.**
CB	Macht er natürlich. Es gibt an vielen Orten Regulative. Vernünftig sind sie dann, wenn Wohnbauförderung an nachhaltige Entwicklungen geknüpft ist. Der Staat verfügt über große Möglichkeiten, wenn er etwa Geld nur dann gibt, wenn man sich mit Nachhaltigkeit beschäftigt. Eine diesbezügliche Meinungsbildung dauert lange und im Grunde ist es noch kein politisches Thema. Solange aber Normen nicht hinterfragt umgesetzt werden, entsteht nur ein gutes Geschäft für wenige Investoren und geringe Qualität für die Nutzer.

OH   Normen lösen das Problem also nicht?

CB   Sie können es gar nicht lösen. Wir bauen ja nicht Serien, sondern immer Prototypen. Und die haben sich am Kontext, am Ort zu orientieren. Altern funktioniert nicht an jeder Stelle gleich, alte Menschen leben verschieden und darauf müssen Gestalter reagieren. Man kann nicht flächendeckende Normen entwickeln und Alte in Schubladen stecken, in der sie sich nicht mehr bewegen können. Deutschland ist ein Paradebeispiel dafür, mit Normen unreflektiert umzugehen.

OH   Wo sehen Sie dann Vorreiter, die man genau studieren und übernehmen sollte?

CB   Es gibt eine ganze Menge dazu in den Beneluxländern, die sich schon lange mit dem Wohnen im Alter auseinandersetzen. Oder in Schweden, dort forscht man, wie die Integration von Älteren in die Stadt gelingt. Dort gibt es Erfahrungen, die man studieren könnte, aber bei uns ist es nicht sexy, übers Alter zu reden. Es gibt nur Fitness und junge Alte.

OH   Das Bauen muss sich ändern. Aber gibt es nicht auch Architekten, die breite Erschließungen und Türen als Einschränkung empfinden?

CB   Das sind keine ernsthaften Probleme, sondern nur Formalismen. Eigentlich sollte sich niemand über Gangbreiten unterhalten, sondern mit der Frage beschäftigen, wie man anständige atmosphärische Lösungen erzielt. Das ist unser täglich' Brot.

OH   Abschließend: Werden Sie Ihr eigenes Haus umbauen?

CB   Sicher, wenn nötig, werde ich einen Lift anbauen. Das Alter wird auch mich betreffen. Wir alle müssen uns damit auseinandersetzen. Hier und da sprießen zarte Pflänzchen der Veränderung. Bei Krankenhausprojekten etwa. Spitäler müssen etwas anderes sein als Maschinen, sie müssen sich um alte Menschen kümmern, nicht nur medizinisch, sondern auch als Service. Das hat mit Dienstleistungen zu tun wie im Hotel. Das hat nicht nur mit Alten zu tun. Auch alle anderen wünschen das und da bewegt sich etwas. Die, die heute Steuern zahlen, werden den Service morgen verlangen.

Mehrgenerationenhäuser: gesellschaftlicher Wandel als Auslöser für neue gestalterische Lösungen

Die Rückkehr der Großfamilie wird institutionell betrieben, zumindest in Deutschland. Mehrgenerationenhäuser sollen das Miteinander von Jung und Alt fördern. Geht es nach dem Bundesministerium für Familie, Senioren, Frauen und Jugend unter Ursula von der Leyen, stehen sie bald überall, in jedem Landkreis, jeder kreisfreien Gemeinde. 439 sollen es bis 2010 sein, Begegnungshäuser, in denen alte und junge Menschen voneinander lernen und sich gegenseitig unterstützen sollen. Was steckt dahinter? Eine Art Wohngemeinschaft, ein Sozialcafé?

„Mehrgenerationenhäuser, das ist ein ziemlich weicher Begriff", sagt Christine Degenhart, Architektin aus Rosenheim und Sprecherin der Beratungsstelle Barrierefreies Bauen der Bayerischen Architekten-kammer (vgl. S. 146). In erster Linie geht es um Treffpunkte am Tage, um „Räume, die Begegnung zulassen zwischen unterschiedlichen Gruppen und zugleich Rückzugsräume anbieten". Die wenigsten Häuser bieten echte Wohngemeinschaften oder Patchwork-Familien auf Zeit, zunächst geht es um kleine Schritte vor Ort, um ganz konkrete Hilfen, vom Wäscheservice über den Computerkurs bis zur Leih-Oma. Auch diese Dienstleistungen müssen in einem Rahmen stattfinden, in einem gestalteten Rahmen. Generell gilt für Degenhart: „Möglichst viel Flexibili-tät im Inneren und Bezüge nach draußen, zum Garten." Verschiebbare Trennwände teilen Räume, wenn die einen werken und die anderen mit-einander lesen möchten. Dass alle Häuser barrierefrei gebaut werden, ist selbstverständlich. Gute Architektur geht darüber hinaus. Wichtig sei eine „kontrastreiche Gestaltung, damit sich Ältere sofort zurechtfinden", rät die Architektin, „das muss nicht quietschbunt sein. Im Gegenteil: Je klarer die Architektur, desto besser bringen sich die Menschen ein."

Andererseits gilt: Architektur ist immer nur eine Hülle, sie kann Möglichkeiten schaffen, aber nicht jedes soziale Defizit ausgleichen. Es gibt keine Ideallösung. Generationenhäuser können aus Familienzentren oder Seniorentreffs wachsen. Wie das Stuttgarter Haus Heslach der Rudolf Schmid und Hermann Schmid Stiftung. Was anfangs als reines Pflegeheim gedacht war, entwickelte sich zum Stadtteilzentrum mit Supermarkt und Wohnungen, Läden und Praxen. Die verschiedensten Nutzungen sind gestapelt: Unten liegen ein Foyer, Bank und Bäcker, darüber eine Verwaltungsebene, anschließend folgt das Pflegeheim mit Zugang zum Garten, darüber zwei Stockwerke für Pflegebedürftige.

Die Herausforderung für die Stuttgarter Architekten Haag, Haffner, Stroheker lag darin, so Gegensätzliches wie Ruhe und Spielplätze zu verbinden und insgesamt ein schlüssiges Gesamtkonzept zu entwickeln. Dazu zählen „weiche Faktoren" wie Atmosphäre, gezielte Lichtführung und klare Materialien. Nicht alle Bewohner sind über Details wie unverputzte Decken glücklich, insgesamt aber ist das Haus ein voller Erfolg. Es öffnete im Frühjahr 2001. Heute ist es „offen auch über die Stadtteilgrenzen hinaus", erläutert Carola Haegele, die das Projekt betreut. Wer einen Blick auf das vielfältige Programm des Hauses wirft, ahnt, dass Gemeinschaft Vielfalt bedeuten kann, wenn die Großfamilie durch eine soziale Einrichtung abgelöst wird.

Es geht aber auch privat. Im sogenannten **Gartenpark Höhenkirchen** entstehen südlich von München Generationenhäuser mit Garten, Terrasse, Keller und Hobbyraum. Ein knallroter Anbau über dem Stellplatz dient als Erkennungszeichen. Hier können die Großeltern einziehen — oder wahlweise deren Enkel. Eine direkte Außentreppe macht aus dem Obergeschoss eine selbstständige Wohnung. Die Sanitärkerne wurden so angelegt, dass in jedem Geschoss Bad und Küche angeschlossen werden können. Bei einer Wohnfläche von 116 bis 134 Quadratmetern ist das Mehrgenerationenhaus für maximal fünf Personen ausgelegt. Das Haus verändert sich mit der Familie. Wahlweise entsteht oben ein eigenständiges Appartement für die Großeltern, während die Eltern das Erdgeschoss bewohnen. Das Haus wird zur flexiblen Hülle, das mit immer neuen Konstellationen auf sich wandelnde Wohnwünsche reagiert.

Jahrelang verfolgte Architekt Tobias de la Ossa die Idee eines „speziellen Haustyps, der echtes Generationenwohnen mit wechselnden Wohnbedürfnissen und sich verändernden Familienstrukturen ermöglicht". Auf der Suche nach dem richtigen Bauträger wurde das Ursprungskonzept mehrfach modifiziert, die nun entstehenden Häuser sind nicht mehr völlig barrierefrei. Die Bayerische Bau und Immobilien GmbH & Co. KG verweist auf die hohen Kosten. Familien achteten auf vieles, auf Raumaufteilung, Heizung, alternative Energien oder große Bäder. Gebrechlichkeit stehe nicht auf dem Programm. Das bestätigt Pressesprecherin Sabine Sommer: „Käufer zwischen 30 und 50 scheinen nicht übers Alter nachzudenken."

Integriertes Wohnen und barrierearme Häuser bleiben im Gegensatz zu Skandinavien oder Österreich ein gesellschaftliches Tabu. Die Initiative des Bundesministeriums kommt keineswegs zu früh. Noch versorgen Familien rund 70 Prozent der Pflegebedürftigen. Umgekehrt übernehmen Großeltern regelmäßig ein Drittel der Kinder. Sie wollen nicht ins Heim abgeschoben werden. Laut einer Umfrage denken gerade 15 Prozent der Älteren daran, die eigene Wohnung aufzugeben. Viele aber könnten dazu gezwungen sein, da nur wenige Haushalte über ebenerdige Duschen verfügen oder Türen, die breit genug sind, einen Rollstuhl oder Rollator aufzunehmen. In Zukunft müssen Generationenhäuser mehr sein als Tagestreffs, sie müssen zu vollwertigen Häusern wachsen und so den gesellschaftlichen Kitt bilden, als institutioneller Ersatz der aussterbenden Großfamilie.

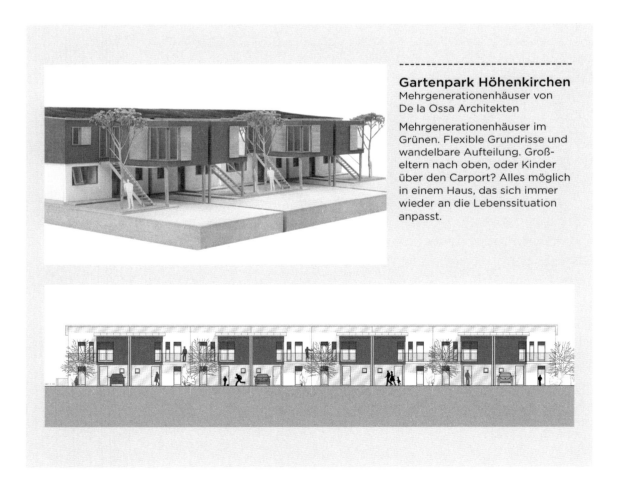

Gartenpark Höhenkirchen
Mehrgenerationenhäuser von
De la Ossa Architekten

Mehrgenerationenhäuser im Grünen. Flexible Grundrisse und wandelbare Aufteilung. Großeltern nach oben, oder Kinder über den Carport? Alles möglich in einem Haus, das sich immer wieder an die Lebenssituation anpasst.

GOOD DESIGN IS UNIVERSAL DESIGN.

JAMES IRVINE

DIE ZUKUNFT WIRD EINFACH UND KOMFORTABEL

„Simplicity" und „Easy to use" klebt als Slogan auf Geräten, die Marken-pflege betreiben und ihre Besonderheiten immer weiter fortschreiben. Kundenbindung in negativer Form: Firmen setzen gerne auf eigene Benut-zungsoberflächen, Ausdrücke und Zeichen, auch wenn die verwendeten Bestandteile längst normiert und auf dem internationalen Markt nach Tagespreis gehandelt werden.

68—69 Dahm, Markus; Felken, Christian; Klein-Bösing, Marc; Rompel, Gert; Stroick, Roman: „Handy ERGO. Breite Untersuchung über die Ge-brauchstauglichkeit von Handys." In: Reinhard Keil-Slawik, Harald Selke, Gerd Szwillus (Hrsg.): *Mensch & Computer 2004: Allgegenwärtige Inter-aktion.* Oldenbourg Verlag, München, 2004, S. 75—84.

Noch immer wird Komplexität mit techni-schem Fortschritt gleichgesetzt, ohne dass Entwickler und Ingenieure den Nutzer im Blick haben. Kein Wunder, dass die Forscher fordern: „Neue teure Features können nur dann erfolgreich eingeführt werden, wenn hier erhebliche Verbesserungen vorgenom-men werden." [68] Davon sind wir weit ent-fernt. Lange Zeit galt der Wunsch, immer mehr Funktionen in immer kompakteren Geräten unterzubringen. Nicht nur taktile Impulse gehen darüber verloren, auch der Bezug zum Ding in der Hand und seine eigentliche Funktion. Um nicht falsch verstanden zu werden: Es geht nicht darum, den alten Konflikt der Black Box, jener geheimnisvollen Technik in ihrer mehr oder minder schicken Verkleidung, zu lösen. Zum Grammophon mit Riemenantrieb führt kein Weg zurück. Wohl aber geht es darum, Technik komfortabel zu machen und den Bedürfnissen ihrer Benutzer anzupassen, nicht umgekehrt den Menschen zum verlängerten Arm der Geräte zu machen, oder schlimmer noch: zum Gefangenen einer undurchschaubaren, schlecht programmierten Ding-welt. Immer mehr Funktionen erschweren zudem die Bedienung: „Die Anzahl der Funktionen nimmt mit jeder Handygeneration zu. Damit wird die Auswahl der gewünschten Funktion über Menüs immer aufwändiger. Neue Funktionen und ihre Bedeutung sind außerdem längst nicht jedem Benutzer bekannt." [69] Ein weiterer Schwachpunkt, der sich leicht beseiti-gen ließe: Kleine Displays bieten nur einen sehr beschränkten Überblick über Menüpunkte und Menüstruktur und erschweren so die Orientierung. Etwas anderes tritt hinzu: Produktoptimierung in wirtschaftlicher Sicht bedeutet heute noch oft, dass gespart wird, wo das nur immer möglich ist, zu oft auch an der Funktionalität der Produkte. Ein- und Ausschalt-knöpfe landen auf der Rückseite der Geräte — garantiert unhandlich —, um einige Zentimeter Kabel zu sparen. Hier liegt ein wichtiger Hebel für die Produktwelten der Zukunft. Einfacher ist dabei oft besser. Trendforscher haben längst einen neuen Trend benannt: „Simplexity“, der Versuch, die steigende „Complexity“ unserer technischen Umwelt mit der Sehnsucht nach Einfachheit, „Simplicity“, zu verbinden. Dinge sollen einfach wieder Dinge sein, ohne technischen Bombast.

Wenn es stimmt, dass sich Technik im Dreischritt von primitiv, komplex und einfach entwickelt, steht uns der finale Schritt offenbar noch bevor. Davon werden wir alle profitieren. Bodengleiche Abflüsse, Reling-Systeme und andere Innovationen in der Sanitärwelt zeigen, dass Barrierefreiheit und Gefühl gar nicht so weit auseinanderliegen müssen. Komfort und Wellness bilden die Wogen, auf denen das vermeintliche Design für Alte surft und so zum Design für alle wird, zum Universal Design. Dazu kommt ein Füllhorn von gezielten Verbesserungen, clever platzierte Schalter, logisch angebrachte Tasten, dazu klare Bedienungsmenüs. Universal Design ist ein Trend, der keiner ist. Er bedeutet eines: in die Zukunft investieren, die längst nicht mehr mit 60 endet. Wir werden immer älter — Architektur und Design müssen sich anpassen oder besser noch: unsere Umwelt radikal vereinfachen. Dies erfordert auch eine Umstellung im Denken: Alter ist zuallererst ein soziales Konstrukt. Erkenntnisse der Altersforschung — vom sogenannten Wohnumfeld über Mobilität und Kommunikation — werden bald Eingang finden in neue Produkte. Nicht mehr weiter und schneller, sondern breiter und einfacher, komfortabler und leichter, sind die Leitlinien für ein Design mit Zukunft: intuitive Geräte, bei denen Kernfunktionen ohne Anstrengung erreicht werden können. Auch hier besteht — wie bei der Einschätzung von Technikfolgen — ein großer Bedarf an Beratung. Zugleich öffnet sich die Chance für Dienstleister, einen neuen Markt zu erschließen.

Wir stehen an der Schwelle zu einem neuen Zeitalter, das erstmals seit der Massenfertigung wieder die Kunden in den Mittelpunkt stellt, ihre Bedürfnisse und Wünsche nach einer barrierefreien Umwelt und intuitiv zu bedienenden Geräten. Wir stehen vor der Revolution unserer Produktkultur, die technische Errungenschaften nicht mehr forciert anpreisen muss, sondern als selbstverständliche Basis begreift, als Hilfe, Service und Dienstleistung. Die Zukunft verspricht komfortabler zu werden. Doch zunächst müssen viele Barrieren fallen — vor allem in unseren Köpfen.

ANHANG

Die Prinzipien universellen Gestaltens

PRINZIP 1:

Breite Nutzbarkeit
Das Design ist für Menschen mit unterschiedlichen Fähigkeiten
nutzbar und marktfähig.

Richtlinien:
· Gleiche Möglichkeiten der Nutzung für alle Nutzer zur Verfügung stellen:
  identisch, soweit möglich; gleichwertig, falls dies nicht möglich ist.
· Ausgrenzung oder Stigmatisierung jedwelcher Nutzer vermeiden.
· Mechanismen zur Erhaltung von Privatsphäre, Sicherheit und sicherer
  Nutzung soll für alle Nutzer gleichermaßen verfügbar sein; das Design
  für alle Nutzer ansprechend gestalten.

PRINZIP 2:

Flexibilität in der Benutzung
Das Design unterstützt eine breite Palette individueller Vorlieben
und Möglichkeiten.

Richtlinien:
· Wahlmöglichkeiten der Benutzungsmethoden vorsehen.
· Rechts- oder linkshändigen Zugang und Benutzung unterstützen.
· Die Genauigkeit und Präzision des Nutzers unterstützen.
· Anpassung an die Schnelligkeit des Benutzers vorsehen.

PRINZIP 3:

Einfache und intuitive Benutzung
Die Benutzung des Designs ist leicht verständlich, unabhängig von
der Erfahrung, dem Wissen, den Sprachfähigkeiten oder der momen-
tanen Konzentration des Nutzers.

Richtlinien:
· Unnötige Komplexität vermeiden.
· Die Erwartungen der Nutzer und ihre Intuition konsequent
  berücksichtigen.
· Ein breites Spektrum von Lese- und Sprachfähigkeiten unterstützen.
· Information entsprechend ihrer Wichtigkeit kennzeichnen.
· Klare Eingabeaufforderungen und Rückmeldungen während und bei
  der Ausführung vorsehen.

PRINZIP 4:

Sensorisch wahrnehmbare Informationen
Das Design stellt den Benutzer notwendige Informationen effektiv zur Verfügung, unabhängig von der Umgebungssituation oder den sensorischen Fähigkeiten der Benutzer.

Richtlinien:
- Unterschiedliche Modi für redundante Präsentation wichtiger Informationen vorsehen (bildlich, verbal, taktil).
- Angemessene Kontraste zwischen wichtigen Informationen und ihrer Umgebung vorsehen.
- Maximierende Lesbarkeit von wichtigen Informationen.
- Unterscheiden von Elementen in der Art der Beschreibung (z. B. einfache Möglichkeit nach Anweisungen oder Instruktionen zu geben).
- Kompatibilität mit einer Palette von Techniken oder Geräten, die von Menschen mit sensorischen Einschränkungen benutzt werden, vorsehen.

PRINZIP 5:

Fehlertoleranz
Das Design minimiert Risiken und die negativen Konsequenzen von zufälligen oder unbeabsichtigten Aktionen.

Richtlinien:
- Arrangieren der Elemente zur Minimierung von Risiken und Fehlern: die meist benutzen Elemente am besten zugänglich; risikobehaftete Elemente vermeiden, isolieren oder abschirmen.
- Warnungen vor Risiken und Fehlern vorsehen.
- Fail-Safe-Möglichkeiten vorsehen.
- Bei Operationen, die Wachsamkeit verlangen, unbewusste Aktionen nicht ermutigen.

PRINZIP 6:

Niedriger körperlicher Aufwand
Das Design kann effizient und komfortabel mit einem Minimum von Ermüdung benutzt werden.

Richtlinien:
- Die Beibehaltung der natürlichen Körperhaltung ermöglichen.
- Angemessene Bedienkräfte verlangen.
- Minimierung sich wiederholender Aktionen.
- Andauernde körperliche Beanspruchung vermeiden.

PRINZIP 7:

Größe und Platz für Zugang und Benutzung
Angemessene Größe und Platz für den Zugang, die Erreichbarkeit, die Manipulation und die Benutzung unabhängig von der Größe des Benutzers, seiner Haltung oder Beweglichkeit vorsehen.

Richtlinien:
- Eine klare Sicht auf wichtige Elemente für jeden sitzenden oder stehenden Benutzer vorsehen.
- Eine komfortable Erreichbarkeit aller Komponenten für alle sitzenden oder stehenden Benutzer sicherstellen.
- Unterstützen unterschiedlicher Hand- und Greifgrößen.
- Ausreichend Platz für die Benutzung sonstiger Hilfsmittel oder von Hilfspersonen vorsehen.

Diese sieben Prinzipien beziehen sich nur auf die universelle Nutzbarkeit des Designs. Darüber hinaus müssen beim Entwurf natürlich andere Aspekte, wie Ökonomie, Kultur, Geschlecht, Umwelt oder Technik berücksichtigt werden. Die aufgeführten Design-Prinzipien bieten Anleitungen zum Entwurf, zur besseren Berücksichtigung von Möglichkeiten, welche die Bedürfnisse von möglichst vielen Nutzern einschließen.

Abkürzungen

ADF	(Accessibility Design Foundation)
AIGA	(American Institute of Graphic Arts)
BAGSO	(Bundesarbeitsgemeinschaft der Senioren-Organisationen e. V.)
DIMR	(Deutsches Institut für Menschenrechte)
ESPA	(Elderly Service Providers Association)
GRP	(Generation Research Program der LMU München)
IMP	(Interface Messaging Processor)
METI	(Ministry for Economy, Trade and Industry)
NIA	(National Institute on Aging)
PDA	(Personal Digital Assistant)
PM	(Personal Mobility)
RFID	(Radio Frequency Identification)
RNID	(Royal National Institute for the Deaf)
sentha	(Seniorengerechte Technik im häuslichen Alltag)
TAS	(Touristisches Assistenz System für barrierefreien Zugang)
Woopies	(Well-off older people)

Weiterführende Literatur

Altes, schrumpfendes Europa. Die Herausforderung des demographischen Wandels. Tagung der Bertelsmann Stiftung 2006. http://www.bertelsmann-stiftung.de/bst/de/media/xcms_bst_dms_16305_16306_2.pdf

Barrierefreies und Integriertes Wohnen. Forschungsbericht zur Nachuntersuchung ausgewählter Projekte aus Modellvorhaben und Landeswettbewerb. Oberste Baubehörde im Bayerischen Staatsministerium des Inneren (Hrsg): (Materialien zum Wohnungsbau). München, 2006. http://www.experimenteller-wohnungsbau.bayern.de/pdf/bfw-brosch.pdf

Beschwerdepool für ältere Verbraucher. Ergebnisse der Befragung zum Thema Verpackungen; BAGSO, 2003. http://www.bagso.de/fileadmin/Verbraucherforum/Verpackungen_01.pdf

Braun, Reiner; Pfeiffer, Ulrich: *Wohnflächennachfrage in Deutschland*. Empirica, Berlin, 2005. S. 4. http://www.empirica-institut.de/kufa/empi123rb.pdf

Burckhardt, Lucius: „Design ist unsichtbar". In: *Design ist unsichtbar*. Herausgegeben von Helmut Gsöllpointer, Angela Hareiter und Laurids Ortner. Österreichisches Institut für Visuelle Gestaltung. Löcker, Wien, 1981, S. 13—20.

Dahm, Markus; Felken, Christian; Klein-Bösing, Marc; Rompel, Gert; Stroick, Roman: „Handy ERGO: Breite Untersuchung über die Gebrauchstauglichkeit von Handys." In: Reinhard Keil-Slawik, Harald Selke, Gerd Szwillus (Hrsg.): *Mensch & Computer 2004: Allgegenwärtige Interaktion*. Oldenbourg Verlag, München, 2004, S. 75—84; zitiert nach: http://mc.informatik.uni-hamburg.de/konferenzbaende/mc2004/mc2004_08_dahm_etal.pdf

Degenhart, Christine: *Freiraum. Das Haus fürs Leben, frei von Barrieren*. Landkreis Rosenheim (Hrsg.), 2000; vgl. auch: http://www.byak-barrierefrei.de/byak-barrfrei_publikationen.htm

Gerling, Vera; Conrad, Harald: *Wirtschaftskraft Alter in Japan*. Handlungsfelder und Strategien. Expertise im Auftrag des Bundesministerium für Familie, Senioren, Frauen und Jugend (BMFSFJ), 2002. http://www.ffg.uni-dortmund.de/medien/publikationen/Expertise%20Japanischer %20Silbermarkt.pdf

Gruss, Peter (Hrsg.): *Die Zukunft des Alterns*. Die Antwort der Wissenschaft. Beck, München, 2007.

Gsöllpointer, Helmut; Hareiter, Angela; Ortner, Laurids (Hrsg.): *Design ist unsichtbar*. Österreichisches Institut für Visuelle Gestaltung. Löcker, Wien, 1981.

Häußermann, Hartmut: „Altern in der Stadt". In: *Wohnen im Alter. Visionen, Realitäten, Erfahrungen*. Oberste Baubehörde im Bayerischen Staatsministerium des Inneren (Hrsg.): Dokumentation der Tagung vom 21. Februar 2006, S. 21—40, hier S. 22.
Hundert wird bald jeder. Presseinformation der Max-Planck-Gesellschaft, 27. September 2007. http://www.mpg.de/bilderBerichteDokumente/dokumentation/pressemitteilungen/2007/pressemitteilung200709272/genPDF.pdf

Krings-Heckemeier, Marie-Therese: *Das silberne Zeitalter — Wie wir den Wandel zu einer Gesellschaft der erweiterten Lebensspannen bewältigen können*. Empirica, Berlin, 2007. http://www.empirica-institut.de/kufa/empi155mtk.pdf

Von Kuehnheim, Haug: „Gib Gas, Alter!" *DIE ZEIT* Nr. 11, 09.03.2006. http://www.zeit.de/2006/11/Rentner_11

Kyôyo-Hin Foundation: *Kyôyo-Hin Foundation*, Japan, 2001. www.kyoyohin.org; PDF in Deutsch und Englisch unter: http://www.kyoyohin.org/09_foreign/panfu.pdf

Lihotzky, Grete: „Rationalisierung im Haushalt". In: *Das Neue Frankfurt*. 5, 1926—1927. Hier zitiert nach: Fischer, Volker; Hamilton, Anne (Hrsg.): *Theorien der Gestaltung. Grundlagentexte zum Design*. Band 1. Verlag Form, Frankfurt am Main, 1999, S. 169—172.

Mitchell, William J.: *City of Bits. Leben in der Stadt des 21. Jahrhunderts*. Birkhäuser, Basel, 1996.

Moggridge, Bill: *Designing Interactions*. MIT Press, Cambridge, MA, 2007.

Muthesius, Hermann: „Maschinenarbeit". In: *Technische Abende im Zentralinstitut für Erziehung und Unterricht 4/1917*. E. S. Mittler und Sohn, Königliche Hofbuchhandlung, Berlin, 1917, S. 10—15.

Nutzerfreundliche Produkte. Leicht bedienbar und Generationengerecht. BAGSO. http://www.bagso.de/fileadmin/Aktuell/Brosch_re_Nutzerfreundliche_Produkte.pdf

Pollack, Karin: „Was ist eigentlich RFID?" *brand eins* 1/2005. http://www.brandeins.de/home/inhalt_detail.asp?id=1599&MenuID=130&MagID=59&sid=su8415012483174021O&umenuid=1

Scheytt, Stefan: „Woopies. Sie haben Geld. Sie haben Zeit. Und alte Menschen können noch eine Menge brauchen." *brand eins* 9/2005. http://www.brandeins.de/ximages/24315_100diealte.pdf

Schmidt-Ruhland, Karin (Hrsg.): *Pack ein — pack aus — pack zu. Neue Verpackungen für Alt und Jung*. Universität der Künste Berlin, 2006.

Schwarz, Dietrich: „Sustainable Design". In: *Werkbundsiedlung Wiesenfeld*. Band 5. (Werkbundtage 2. Material und Technik). München, 2007, S. 89—97.

Schweitzer, Hanne: *Kommentar zum 5. Altenbericht der Bundesregierung*. Büro gegen Altersdiskriminierung e. V., 3.10.2006; http://www.altersdiskriminierung.de/themen/artikel.php?id=1576

Senior Finance. BBE-Branchenreport. Köln, 2006. http://www.bbeberatung.com/de/hkg/index.php?/de/pressedienst/news/seniorfinance.php

Streitz, Norbert A.; Tandler, Peter; Müller-Tomfelde, Christian; Konomi, Shin'ichi: „Roomware. Towards the Next Generation of Human-Computer Interaction based on an Integrated Design of Real and Virtual Worlds." In: Carroll, John M. (Hrsg.): *Human-Computer Interaction in the New Millennium*, Addison-Wesley, London, 2001, S. 553—578.

Vierter Altenbericht zur Lage der älteren Generation in der Bundesrepublik Deutschland: Risiken, Lebensqualität und Versorgung Hochaltriger — unter besonderer Berücksichtigung demenzieller Erkrankungen, 2004. http://www.bmfsfj.de/Kategorien/Forschungsnetz/forschungsberichte,did=18370

Wohnen im Alter. Visionen, Realitäten, Erfahrungen. Oberste Baubehörde im Bayerischen Staatsministerium des Inneren (Hrsg.): Dokumentation der Tagung vom 21. Februar 2006. http://www.innenministerium.bayern.de/imperia/md/content/stmi/bauen/wohnungswesen/aktuell/broschueretagunginternet.pdf

Yoshikazu, Goto: „Aging Populations, New Business Opportunities and New Business Models Developed in Japan." In: *Journal of Japanese Trade & Industry*, May/June 2002, S. 24—27.

Bildnachweis

Impressum

Bibliografische Information der Deutschen Nationalbibliothek
Die Deutsche Nationalbibliothek verzeichnet diese
Publikation in der Deutschen Nationalbibliografie; detaillierte
bibliografische Daten sind im Internet über http://dnb.d-nb.
de abrufbar.

Diese Publikation ist auch in englischer Sprache erschienen
(ISBN 978-3-7643-8718-1).

© 2008 Birkhäuser Verlag AG
Basel · Boston · Berlin
P.O. Box 133, CH-4010 Basel, Switzerland
Ein Unternehmen der Fachverlagsgruppe
Springer Science+Business Media

Gedruckt auf säurefreiem Papier, hergestellt aus chlorfrei
gebleichtem Zellstoff. TCF ∞

Layout und Satz: Nadine Rinderer, Basel

Printed in Germany

ISBN 978-3-7643-8717-4

9 8 7 6 5 4 3 2 1   www.birkhauser.ch